Socialisme utopique et Socialisme scientifique

PAGES SOCIALISTES — X

FRÉDÉRIC ENGELS

SOCIALISME UTOPIQUE
ET
SOCIALISME SCIENTIFIQUE

NOUVELLE ÉDITION REVUE

PARIS
LIBRAIRIE DE L'HUMANITÉ
120, Rue Lafayette, 120
192[illegible]

NOTE DE L'ÉDITEUR

La célèbre brochure de Frédéric Engels était depuis longtemps épuisée. Cette nouvelle édition a été faite avec grand soin. La traduction de Paul Lafargue — d'une langue trop souvent défectueuse et obscure — a été revue mot à mot et, là où il le fallait, clarifiée. On n'a rien négligé pour en faciliter la lecture et la compréhension aux travailleurs communistes soucieux de se donner une culture marxiste élémentaire. C'est ainsi que nous avons divisé en deux chapitres le texte d'Engels et introduit d'assez nombreux sous-titres qui permettront au lecteur le moins exercé de suivre aisément la marche de la pensée. Nous avons ajouté quelques notes explicatives aux notes d'Engels et de Lafargue.

Nous sommes persuadés qu'Engels et Lafargue, s'ils vivaient encore, seraient les premiers à nous approuver des initiatives que nous avons cru devoir prendre pour que cette nouvelle édition réalisât un progrès certain sur celles qui l'ont précédée. — AMÉDÉE DUNOIS.

FRÉDÉRIC ENGELS

PAR

ÉLÉANOR MARX

L'article d'Eléanor Marx (1) *a sa place toute marquée en tête de la plus populaire des brochures de Frédéric Engels. Il offre de l'auteur de* Socialisme utopique et Socialisme scientifique, *l'image la plus vivante, la plus familière et, croyons-nous, la plus juste.*

Il fut écrit en novembre 1890 *pour commémorer le* 70e *anniversaire de la naissance d'Engels. Lorsque celui-ci mourut* (*à Londres, le* 5 *août* 1895), *les marxistes français qui publiaient à Paris le* Devenir social — *Charles Bonnier, Gabriel Deville, Paul Lafargue, Georges Sorel, G. Platon, Alfred Bonnet — firent traduire pour cette revue l'article d'Eléanor Marx. C'est cette traduction que nous reproduisons ici* (2).

Le 28 novembre 1890, Frédéric Engels aura atteint sa soixante-dixième année. C'est un anniversaire que célébreront les socialistes du monde entier. A cette occasion, mon ami le Dr Victor Adler m'a demandé d'écrire, pour les lecteurs de la *Sozialdémokratische Monatsschrift,* une courte notice sur le chef reconnu du Parti socialiste.

Pour une tâche aussi ardue, bien des conditions seraient nécessaires. Je n'ai pour moi que de connaître Engels depuis que je suis née. La question reste ouverte de savoir si une longue intimité est une condition favorable pour bien connaître quelqu'un. Qui connaît-on moins bien que soi-même ?

---

(1) La plus jeune des trois filles de Karl Marx. Eléanor Marx (Mme Edward Aveling), née en 1856, mourut en 1898. Elle participa activement au mouvement socialiste en Angleterre.

(2) Elle a été reproduite déjà dans le *Bulletin Communiste* du 24 mars 1921.

Pour écrire une biographie de Marx et d'Engels — car la vie et l'œuvre de ces deux hommes sont si intimement mêlées qu'il est impossible de les séparer — il faudrait faire l'histoire du développement du socialisme « du socialisme utopique au socialisme scientifique », et il faudrait y ajouter l'histoire de tout le mouvement ouvrier depuis à peu près un demi-siècle. Ces deux hommes, en effet, ne se sont pas contentés d'être des chefs intellectuels, des théoriciens, des philosophes vivant isolés et à l'écart de la vie ouvrière; ils ont toujours pris part à la lutte, au premier rang, soldats de cette révolution dont ils formaient l'état-major. Il n'y a qu'un seul homme qui pourrait écrire cette histoire; espérons qu'il le pourra encore.

La vie d'Engels est si connue, maintenant, que quelques courtes notes seront suffisantes; quant à ses travaux littéraires ou scientifiques, ce serait, de ma part, manque de modestie d'essayer d'en faire une analyse; ils sont d'ailleurs universellement connus. Il me suffira de donner un tableau d'ensemble. J'essayerai de présenter une esquisse de l'homme, de sa façon de vivre, et je pense ainsi être agréable à plus d'un, à l'exception, bien entendu, de ces gens qui ont une peur mortelle d'être corrompus par le « culte des autorités ». Pour moi, je pense que, pour nous tous qui vivons des travaux d'Engels, sa vie peut servir d'exemple et qu'elle sera un encouragement.

Frédéric Engels est né à Barmen, le 28 novembre 1820. Son père était fabricant (il ne faut pas oublier qu'à ce moment les provinces rhénanes étaient économiquement beaucoup plus développées que le reste de l'Allemagne); sa famille était très considérée. Jamais enfant ne ressembla moins à son milieu. Frédéric devait être pour sa famille un « atroce petit canard ». Peut-être ne comprend-elle pas même maintenant que le petit canard était un « cygne ». C'est de sa mère qu'il a hérité sa gaieté de caractère.

Il commença ses études à Barmen et les acheva au gymnase d'Elberfeld. Il eut d'abord le dessein de suivre les cours de l'Université, mais son aversion pour l'enseignement qu'on y donnait et aussi les affaires de sa famille firent abandonner ce projet. Un an après avoir terminé ses études et passé l'examen final, il entra dans une maison de commerce de Barmen, puis, pendant un an, il servit comme volontaire à Berlin. En 1842, Engels fut envoyé en Angleterre, à Manchester, dans la maison de commerce où son père avait des intérêts engagés. Il y demeura deux ans. On ne peut exagérer l'importance qu'eurent pour lui ces deux années passées dans la grande industrie, dans le pays classique du capitalisme. Et ceci peut servir à caractériser l'homme : pendant qu'il réunissait les matériaux nécessaires pour la publication de son ouvrage sur *la Situation des classes laborieuses en Angleterre*, il prenait une part active au mouvement chartiste et collaborait régulièrement au *Northern Star* et au *New moral World* d'Owen (1).

Engels retourna en Allemagne en 1844 en passant par Paris où, pour la première fois, il rencontra l'homme avec lequel il était en correspondance depuis longtemps et qui devait devenir l'ami de toute sa vie : Karl Marx. Le premier résultat de cette rencontre fut la publication en commun de la *Sainte Famille* (2) et le commencement d'une œuvre qui fut terminée plus tard à Bruxelles et dont Marx, dans sa *Critique* (3), et Engels, dans son *Feuerbach*, nous ont raconté les vicissitudes : « Le manuscrit, deux forts volumes in-8°, était depuis longtemps chez un éditeur en Westphalie, quand nous reçûmes la nouvelle que les circonstances n'en permettaient pas l'impression. Nous abandonnâmes le manuscrit à la critique rongeuse des souris, d'autant plus volontiers que nous avions atteint notre but principal — la compréhension de soi-même (*Selbstverstandigung*). »

Cette même année, Engels écrivit *la Situation des classes laborieuses en Angleterre* (4) qui est si vraie,

---

(1) Le *Northern Star* (*Etoile Polaire*) était le journal des chartistes anglais, dirigé par O'Connor, avec Julian Harney et Ernest Jones pour principaux rédacteurs. Le *Nouveau Monde moral* était l'organe de Robert Owen, le célèbre socialiste anglais (1771-1858).

(2) *La Sainte Famille, ou Critique de la critique critique. Contre Bruno Bauer et consorts* (*Die heilige Familie, oder Kritik der kritischen Kritik*), parue en 1844. Pas de traduction française.

(3) Sa *Critique de l'Economie politique* (1859); il en existe deux traductions françaises, l'une de Léon Rémy (Paris, 1899); l'autre de Laura Lafargue (Paris, 1909).

(4) *Die Lage der arbeitenden Klassen in England* (Leipzig, 1845, nouvelle édition à Stuttgart, en 1892; non traduit en français). C'est, dit M. Andler, « le premier livre de socialisme scientifique ». (*Le Manifeste communiste, Introd. hist. et commentaire*, p. 35.)

maintenant encore, que les ouvriers anglais pensaient qu'elle venait d'être écrite, lorsqu'il y a quelques années parut la traduction anglaise ! Engels écrivit à ce moment différents essais, quelques articles, etc. (1). De Paris, Engels retourna à Barmen, mais pour peu de temps seulement (2).

En 1845, il suivit Marx à Bruxelles où, véritablement, commença leur travail en commun. La somme de travail qu'ils fournirent à ce moment est considérable. Ils fondèrent aussi une Association des ouvriers allemands et — c'est là le plus important — ils entrèrent dans la Ligue des Justes qui devint plus tard la célèbre Ligue des Communistes et qui portait en elle le germe de l'Internationale. Marx, à Bruxelles, Engels, à Paris, furent en 1847, les théoriciens de la Ligue des Justes. Pendant l'été de cette année eut lieu, à Londres, le premier congrès de la Ligue. Engels y assistait comme délégué des associés de Paris. Un second congrès, auquel Marx prit part, eut lieu pendant l'automne de cette même année (3). L'œuvre accomplie, tout le monde la connaît aujourd'hui : le *Manifeste du Parti communiste*.

De Londres, les deux amis passèrent à Cologne où ils purent déployer toute leur activité pratique. Elle est écrite dans la *Neue rheinische Zeitung* et dans le procès des communistes de Cologne (4).

Les nécessités du moment et l'expulsion de Marx séparèrent les deux amis pour longtemps. Marx vint à Paris, Engels se rendit dans le Palatinat; il prit part

---

(1) Notamment des articles dans les revues que publiait son ami Püttmann, le *Deutsches Bürgerbuch* (Darmstadt et Mannheim, 1845-46), les *Rheinische Jahrbücher für soziale Reform* (Darmstadt et Constance, 1845) et dans les *Annales franco-allemandes*, éditées à Paris en 1844, par Arnold Ruge et par Marx. Dans cette dernière revue, Engels donna un compte rendu critique du livre de Carlyle, *Présent et Passé* et une *Esquisse d'une critique de l'économie nationale*, « où se devine, dit Andler, la dialectique matérialiste nouvelle. » Engels collabora également à la *Réforme*, l'organe des radicaux français, que dirigeait Flocon.

(2) Il fut alors un des orateurs de l'assemblée communiste convoquée à Elberfeld par Moses Hess et G. Köttgen (1845).

(3) A Londres également. Ce second congrès dura dix jours (novembre-décembre 1847).

(4) C'est la révolution qui fit rentrer Marx et Engels en Allemagne (mars 1848). Entre temps, Marx avait été expulsé de Belgique, comme il avait, trois ans plus tôt, été expulsé de France (il le sera pour la seconde fois en 1849). Le procès des communistes de Cologne est postérieur de quatre ans (1852).

au soulèvement badois. Il assista à trois batailles et tous ceux qui l'avaient vu au feu parlèrent longtemps de son sang-froid extraordinaire et de son mépris absolu de tout danger.

Engels a publié, dans la *Neue rheinische Zeitung*, un travail sur l'insurrection badoise. Lorsque tout espoir fut perdu, il partit un des derniers pour la Suisse et de là pour Londres où Marx, après son expulsion de Paris, s'était également rendu.

Alors commence dans la vie d'Engels une nouvelle phase. Toute activité politique était devenue, pour le moment, impossible. Marx se fixa à Londres, Engels revint à Manchester comme commis dans la fabrique de coton où son père était intéressé. Pendant vingt ans, Engels fut condamné à ce travail forcé de la vie de bureau, et pendant vingt ans, les deux amis n'eurent que de rares occasions de se retrouver réunis. Cependant, leurs relations ne furent jamais interrompues. Un de mes premiers souvenirs me reporte à l'arrivée du courrier de Manchester. Les deux amis s'écrivaient presque tous les jours et je me souviens encore de *Mohr* — c'est ainsi qu'on appelait mon père à la maison (1) — parlant à la lettre pendant qu'il la lisait, comme si celui qui l'avait écrite était présent : « Mais ce n'est pas ça du tout » ou bien « Tu as raison », etc. Mais ce dont je me souviens le mieux, c'est la façon dont Mohr riait en lisant les lettres d'Engels, et si fort que les larmes lui coulaient sur le visage.

A Manchester, Engels n'était pas isolé. Il y avait là Wolff, « le hardi, fidèle, noble précurseur » auquel le premier volume du *Capital* est dédié et qu'on appelait à la maison Lupus (2); plus tard vinrent l'ami dévoué de mon père et d'Engels, Sam Moore (qui a, avec mon mari, traduit le *Capital* en anglais) et aussi le professeur Schorlemer, un des chimistes les plus renommés de ce temps. Mais si l'on fait abstraction de ces deux amis, c'est avec épouvante qu'on songe à ce que durent être ces vingt années pour un tel homme! Ce n'est cependant pas qu'Engels se soit jamais plaint! Au con-

(1) A cause de sa chevelure très noire. (*Mohr* signifie *Maure*.)

(2) Wilhelm Wolff (1809-1864) « le polémiste ardent et persécuté, qui avait dévoilé jadis la misère des tisserands silésiens et dit les causes de leur révolte. » (Andler, *loc. cit.*, p. 37.) *Wolff* signifie loup (*Lupus*).

traire, il accomplissait sa tâche avec entrain et sérénité, comme s'il n'y avait eu rien au monde de préférable à aller à son bureau, et à s'asseoir à la table de son bureau. J'étais avec Engels quand ce travail forcé prit fin et je compris alors ce que toutes ces années avaient été pour lui. Je n'oublierai jamais le cri de triomphe : « C'est pour la dernière fois » qu'il poussa lorsque, le matin, il mit ses souliers avant de prendre pour la dernière fois le chemin du bureau. Quelques heures après, nous étions assis sur la porte à l'attendre, et nous le vîmes venir à travers le petit champ qui était devant sa maison. Il agitait sa canne en l'air et chantait et rayonnait de joie. Le soir, ce fut une fête au champagne. Nous étions tous à la joie. Lorsque j'y repense maintenant, les larmes me reviennent aux yeux.

En 1870, Engels vint à Londres et prit immédiatement sa part du grand travail de l'Internationale; il était membre du Conseil général comme correspondant pour la Belgique et plus tard il le fut aussi pour l'Espagne et l'Italie. L'activité littéraire d'Engels était extraordinairement multiple. Articles, brochures, etc., se succédèrent sans fin de 1870 à 1880; mais l'ouvrage le plus important fut le *Bouleversement de la Science par M. Eugène Dühring* (1), qui parut en 1878. Il est aussi inutile de parler de l'influence et de l'importance de cet ouvrage que du *Capital.*

Pendant les dix années qui suivirent, Engels vint tous les jours chez mon père; souvent ils s'allaient promener tous deux; souvent aussi ils restaient à la maison, allant et venant dans la chambre de mon père. Chacun avait son côté favori, et l'un et l'autre marquèrent leurs propres trous par leurs volte-face aux coins de la chambre. Ils discutaient sur plus de choses que n'en rêve la philosophie de beaucoup de gens, souvent aussi ils se taisaient tout en marchant l'un à côté de l'autre. Ou bien chacun parlait de ce qui l'occupait principalement à ce moment, jusqu'à ce que, riant aux éclats, ils s'avouaient que, pendant la dernière demi-heure, ils avaient chacun parlé de choses différentes.

Que de choses on pourrait raconter de cette époque! L'Internationale, la Commune, les mois où notre mai-

(1) *Herrn Eugen Duhring's Umwaelzung der Wissenschaft* (1878). Traduit en français en 1911, par M. Laskine, alors zélé marxiste.

son ressemblait à un asile où tous les exilés étaient les bienvenus !

En 1881, ma mère mourut et mon père, dont la santé était ébranlée, resta absent de l'Angleterre pendant quelques mois. Il mourut en 1883.

Ce qu'Engels a fait depuis, tout le monde le sait. Il consacra la plus grande partie de son temps à la publication des œuvres de mon père, à la correction des nouvelles éditions et à la revision des traductions du *Capital*. Ce n'est pas à moi à parler ni de ce travail, ni de ses travaux originaux. Ceux-là seulement qui ont connu Engels pourront apprécier la quantité de travail qu'il fournissait chaque jour. Italiens, Espagnols, Hollandais, Danois, Roumains (il possède admirablement toutes ces langues), sans parler des Anglais, des Allemands et des Français, — tous venaient chez lui chercher l'appui de ses conseils.

Pour chacune des nombreuses difficultés que nous rencontrons, nous qui travaillons dans les vignes de notre seigneur, le Peuple, — nous allons chez Engels. Et ce n'est jamais en vain que nous nous adressons à lui. Le travail que tout cela lui demandait dans ces dernières années eût été une charge pour une douzaine d'hommes ordinaires. Et Engels a beaucoup encore à faire pour nous, et il le fera !

C'est là une simple esquisse de sa vie, c'est en quelque sorte le squelette de l'homme — non l'homme lui-même. Pour donner la vie à ce squelette, je sais toute mon insuffisance et peut-être la tâche était-elle au-dessus de chacun de nous. Nous sommes encore trop près de lui pour le bien voir. Engels a 70 ans, mais il n'y paraît pas. Son corps est encore aussi jeune que son esprit. Il porte ses six pieds de haut et si légèrement qu'on ne le croirait pas si grand. Il a toute la barbe, qui fuit de côté et qui commence maintenant à devenir grise. Ses cheveux sont bruns sans un seul filet blanc; du moins une recherche attentive n'a pas permis d'en découvrir. Si son aspect est jeune, il est plus jeune encore qu'il ne le paraît. Il est l'homme le plus jeune que je connaisse. Et autant que je me souviens, il n'a pas vieilli dans ces vingt dernières années.

J'ai voyagé avec lui en Irlande en 1869 (et comme il voulait à ce moment écrire l'histoire de l'Irlande, la « Niobé des nations », il était particulièrement intéressant de visiter ce pays avec lui) et puis en Amérique en 1888. En 1869, comme en 1888, il était l'âme de tous les cercles dans lesquels il se trouvait.

A bord des transatlantiques *City of Berlin* et *City of New-York*, il était toujours prêt, quel que fût le temps, à une promenade sur le pont ou à boire un verre de « lager ».

Je veux m'arrêter encore sur un côté du caractère de mon père, qui appartient aussi à Engels, et j'insisterai d'autant plus que ce côté est plus inconnu et méconnu. On a toujours représenté mon père comme une sorte de Jupiter cynique et sardonique, toujours prêt à lancer son tonnerre contre ses amis comme contre ses ennemis. Mais celui qui, même une seule fois, a pu voir ses beaux yeux bruns, si pénétrants et si doux, si pleins d'humour et de bonté; celui qui a entendu son rire contagieux, celui-là sait que le Jupiter moqueur et froid est un être de pure imagination. Il faut en dire autant d'Engels. On le représente d'ordinaire comme un autocrate, un dictateur, un critique mordant. Cela n'est pas. Il n'y a peut-être jamais eu personne d'aussi doux aux autres, plus secourable à tous. Je ne veux pas parler de sa bonté inépuisable envers les jeunes. Il en est dans tous les pays qui pourraient apporter leur témoignage. Je puis dire seulement que je l'ai vu souvent laisser de côté ses travaux personnels pour être utile à quelque jeune. Il n'y a qu'une chose qu'Engels n'a jamais pardonnée — la fausseté. Un homme qui n'est pas vrai envers lui, plus encore celui qui n'est pas fidèle à son Parti, ne trouve aucune pitié auprès d'Engels. Ce sont, pour lui, des péchés impardonnables. Engels ne connaît pas d'autres péchés. Je veux encore indiquer un autre trait caractéristique. Engels, qui est l'homme le plus exact du monde, qui a plus que n'importe qui un sentiment très vif du devoir et surtout de la discipline envers le Parti — n'est pas le moins du monde un puritain. Personne, comme lui, n'est capable de tout comprendre et, partant, personne ne pardonne si aisément nos petites faiblesses.

Ses connaissances sont extraordinairement variées. Rien ne lui est étranger : histoire naturelle, chimie, botanique, physique, philologie (il balbutie en vingt langues, disait le *Figaro* en 1870), économie politique et, *last not least*, la tactique militaire. En 1870, au moment de la guerre franco-allemande, les articles qu'Engels publia dans le *Pall Mall* furent très remarqués, car il y prédit la bataille de Sedan et l'anéantissement de l'armée française. C'est depuis ces articles qu'il fut surnommé le Général. Ma sœur l'appelait le « général Staff ». Le nom est resté, et, depuis, Engels est, pour nous, le Général. Aujourd'hui ce nom a une signification plus étendue. Engels est le général de notre Armée ouvrière.

Voici un exemple encore de sa bonté : Le Dr Foote, l'éditeur du *Freethinker*, fut condamné à une année de prison; mon mari prit l'affaire en main, alors qu'il ne se trouvait personne qui voulût s'en occuper. Pour venir en aide au Dr Aveling, et à Foote qu'il n'avait jamais vu et avec lequel il n'avait aucun point commun, il écrivit, pour la revue de Foote, *Progress*, un essai très remarquable sur l'apocalypse de Jean !

Il est encore une autre caractéristique d'Engels — peut-être la plus importante — son désintéressement. Alors que Marx vivait encore, il avait l'habitude de dire : « J'ai été deuxième violon et je crois être arrivé à une certaine virtuosité; j'étais rudement content d'avoir un premier violon tel que Marx ». Aujourd'hui, c'est Engels qui dirige l'orchestre et il est simple et modeste comme s'il était, suivant son expression, « deuxième violon ». J'ai eu l'occasion, comme beaucoup d'autres, de parler de l'amitié qui liait mon père et Engels, une amitié qui deviendra historique comme celle de Damon et de Pythias; mais en terminant ces notes, je dois parler de deux autres amitiés qu'il a dues à ses rapports avec Marx et qui partagent en deux sa vie et ses travaux.

C'est d'abord l'amitié qu'il eut pour ma mère et ensuite celle qu'il eut pour Hélène Demuth, morte le 4 novembre de cette année [1890] et qui repose dans le caveau de mes parents.

Engels a prononcé les paroles suivantes sur la tombe de ma mère :

« Mes amis ! La femme de cœur que nous enterrons était née en 1814, à Salzwedel. Bientôt après, son père, le baron de Westphalen, fut nommé conseiller d'Etat (*Regierungsrath*) à Trèves, où il se lia d'amitié avec la famille Marx. Les enfants grandirent ensemble. Ces deux riches natures se comprirent. Lorsque Marx partit pour l'Université, leur avenir était déjà décidé.

« Le mariage eut lieu en 1843, après la suppression de la *Rheinische Zeitung*, que Marx avait dirigée pendant quelque temps. Depuis, Jenny Marx a non seulement partagé le sort, les travaux, les luttes de son mari, mais elle y a apporté sa grande intelligence et son ardente passion.

« Le jeune couple se rendit à Paris en exil volontaire qui ne se changea que trop tôt en exil forcé. Le gouvernement prussien poursuivit Marx jusque-là et je regrette de constater qu'un homme comme Alexandre de Humboldt a contribué à obtenir contre Marx l'arrêté d'expulsion (1). La famille se réfugia à Bruxelles. Survint la révolution de février. Au moment des agitations qui éclatèrent à Bruxelles, on ne se contenta pas d'arrêter Marx, le gouvernement belge fit, sans motifs, jeter sa femme en prison.

« La révolution de 1848 était abattue l'année suivante. Nouvel exil, d'abord à Paris, puis, après une nouvelle intervention du gouvernement français, à Londres. Ce fut alors pour Jenny Marx l'exil avec ses horreurs. Elle aurait pu surmonter le désespoir où l'avait plongée la mort de ses deux fils et d'une de ses jeunes filles; mais que le gouvernement et l'opposition bourgeoise, depuis les libéraux jusqu'aux démocrates, s'entendissent pour accabler son mari sous les calomnies les plus misérables et les plus basses, que toute la presse lui fût fermée pour lui enlever tous moyens de défense et le laisser momentanément désarmé devant ses adversaires, cela laissa en elle des traces profondes. Et cela dura longtemps.

« Mais enfin, le prolétariat européen retrouva des conditions qui lui permirent de se mouvoir plus librement. L'Internationale fut fondée. La lutte de classe du prolétariat pénétrait successivement tous les pays et, à l'avant-garde, son mari prenait part à la lutte. Ce moment et ceux qui suivirent effacèrent pour elle bien des pénibles souvenirs. Elle put voir toutes les calomnies qui étaient tombées sur Marx dru comme grêle, se dissiper comme neige au soleil, et la théorie

(1) Janvier 1845. A. de Humboldt, le célèbre géographe, était alors ambassadeur de Prusse à Paris.

qu'avaient essayé de faire disparaître tous les partis réactionnaires, féodaux ou démocrates, prêchée dans tous les pays et dans toutes les langues. Elle put voir le mouvement prolétarien, avec lequel cette théorie ne faisait qu'un, secouer le vieux monde depuis la Russie jusqu'à l'Amérique et s'avancer, toujours plus sûre de la victoire.

« Ce qu'une telle femme a fait, par son intelligence si profonde et si nette, par son tact politique, par son énergie et la vigueur de son caractère, par son dévouement pour les compagnons de lutte pendant près de quarante ans, cela n'a jamais été dit, cela n'a jamais été écrit. Il fallait, pour le savoir, vivre auprès d'elle. Mais je sais aussi que, si les femmes des exilés de la Commune penseront encore souvent à elle, nous serons privés de ses conseils.

« Je n'ai pas besoin de parler de ses qualités personnelles, ses amis les connaissent et ne les oublieront jamais. S'il y a une femme qui mit sa plus grande joie à rendre les autres heureux, ce fut cette femme. »

Sur la tombe de Demuth, Engels prononça ces mots :

« Marx lui a bien souvent demandé conseil dans les moments difficiles du Parti... et, pour ma part, tous les travaux que j'ai faits depuis la mort de Marx, je les dois en grande partie au rayon de soleil, à l'aide que me donnait sa présence dans ma maison où elle m'avait fait l'honneur de venir après la mort de Marx. »

Ce qu'elle a été pour Marx et pour sa famille, nous seuls pouvons le savoir et cela dépasse toute expression. De 1837 à 1890, elle fut toujours notre amie et notre aide (1).

ELÉANOR MARX.

---

(1) En reproduisant, dans son numéro d'août 1895 — Engels était mort le 5 août — l'article d'Eléanor Marx, le *Devenir social* le fit précéder des lignes nécrologiques suivantes :

« Le socialisme scientifique vient de perdre un de ses initiateurs.

« Frédéric Engels est mort, le 5 août, à Londres...

« C'est à ce modeste et grand penseur que le socialisme doit en partie d'être ce qu'il est, parce que nous

lui devons, autant, peut-on dire, qu'à Marx dont il a été l'ami dévoué, le collaborateur précieux et l'interprète fidèle, cette critique impitoyable de l'économie politique, cette rigoureuse analyse des phénomènes sociaux, cette compréhension merveilleuse de la marche historique de l'humanité et cette conception philosophique qui ont jeté les bases de la véritable science sociale, et ont renouvelé ou renouvelleront l'histoire et la philosophie.

« Un homme est mort qui s'est volontairement maintenu au second plan, pouvant être au premier. L'idée, son idée, est debout, partout vivante, plus vivante que jamais, et défiant toutes les attaques, grâce aux armes qu'il a, avec Marx, contribué à lui fournir.

« On n'entendra plus retentir sur l'enclume le marteau de ce vaillant forgeron; le bon ouvrier est tombé; le marteau échappé de ses mains puissantes est à terre et y restera peut-être longtemps; mais les armes qu'il a forgées sont toujours là, solides et brillantes. S'il n'est pas donné à beaucoup d'en pouvoir forger de nouvelles, ce que, du moins nous pouvons tous faire, ce que nous devons faire, c'est de ne pas laisser rouiller celles qui nous ont été livrées; et, à cette condition, elles nous gagneront la victoire pour laquelle elles ont été faites.

« Ni Marx ni Engels n'auront eu la joie de voir réaliser les grandes choses que, plus que tout autre, sans comparaison possible, ils ont préparées; mais ils ont assuré l'immortalité de leur mémoire, si les hommes savent conserver le souvenir de ceux qui ont efficacement travaillé pour leur bien. »

INTRODUCTION (1)

L'Angleterre et le Matérialisme

Cette étude est extraite d'un plus grand volume. Vers 1875, le Dr Eug. Dühring, *privat-docent* (professeur libre) à l'Université de Berlin, annonça soudainement, et même bruyamment, sa conversion au socialisme et se présenta au public allemand avec une théorie socialiste complète, comportant tout un plan de réorganisation pratique de la société : comme de juste, il tomba à bras raccourcis sur ses prédécesseurs, et surtout sur Marx qu'il honora d'une inondation des flots de sa rage.

Ceci se passait à peu près au temps que les deux fractions du Parti socialiste allemand — les marxistes et les lassalliens — fusionnaient (2) et acquéraient par ce fait, non seulement un accroissement de forces, mais, ce qui est plus important encore, le moyen de diriger toute cette force contre l'ennemi commun. Le Parti socialiste était en train de devenir rapidement en Allemagne une puissance. Mais pour devenir une puissance, il fallait que l'unité nouvellement conquise ne fût pas menacée, et le Dr Dühring commença ouvertement par grouper autour de sa personne une coterie : le noyau d'un parti séparatiste de l'avenir (3). Il était donc né-

(1) Cette introduction — dont le titre n'est ni d'Engels ni de Lafargue — fut écrite en avril 1892, pour l'édition anglaise publiée à Londres et à New-York la même année.

(2) Au Congrès de Gotha (mai 1875).

(3) Bernstein appartenait à cette coterie : entraîné par les nécessités de la lutte que le Parti soutenait contre Bismarck, il la déserta du vivant de Marx et d'Engels. Quand en 1892, Engels écrivait ces lignes, il était loin de se douter que Bernstein, qu'il choisit pour être

cessaire de relever le gant qui nous était jeté, et bon gré, mal gré, d'engager la lutte.

L'affaire n'était pas extraordinairement difficile, mais de longue haleine. Nous autres Allemands, comme chacun le sait, nous sommes d'une terriblement pesante *Grundlichkeit* (1), profondément radicale ou radicalement profonde, comme il vous plaira de la nommer. Chaque fois que l'un de nous accouche de ce qu'il considère comme une nouvelle théorie, il doit commencer par l'élaborer en un système embrassant l'univers. Il doit démontrer que les premiers principes de la logique et que les lois fondamentales de la nature n'ont existé de toute éternité que pour conduire l'esprit humain à cette théorie nouvellement découverte, qui couronne tout : sous ce rapport le Dr Dühring était à la hauteur du génie national. Ce n'était rien moins qu'un complet *Système de philosophie* mentale, morale, naturelle et historique, qu'un complet *Système d'Economie politique et de Socialisme* et enfin qu'une *Critique historique de l'Economie politique* — trois gros in-octavo, aussi lourds de forme que de contenu, trois corps d'armée d'arguments mobilisés contre tous les philosophes et économistes antérieurs en général et contre Marx en particulier, en réalité, une tentative de complet « bouleversement de la science » — voilà à quoi je devais m'atteler. J'avais à traiter de tout et d'autres sujets encore; depuis les concepts de temps et

---

un de ses exécuteurs testamentaires, devait tourner casaque après sa mort, retourner à ses premières amours et essayer de former le parti séparatiste qu'il avait tué dans l'œuf. (P. L.)

[Il y a dans cette note de Lafargue, écrite en 1901 dans le feu des polémiques entre révisionnistes (Bernstein) et révolutionnaires (Kautsky) une part évidente d'exagération. Il est vrai que Bernstein, au temps où il était étudiant à l'Université de Berlin, compta au nombre des « apôtres ardents » du professeur Dühring, de « l'homme méconnu que l'on tenait à l'écart » et auquel ils brûlaient « de ménager, dans la social-démocratie cette notoriété que le monde bourgeois lui refusait. » (Cf. *Devenir social*, juin 1896, p. 549). Mais il n'est pas vrai que trente années plus tard, au temps où il préconisait la révision des théories et de méthodes socialistes dans le sens réformiste, Bernstein ait essayé de former un parti séparatiste. On sait que son attitude pendant la guerre, quelque modérée qu'elle ait été, a attesté, au contraire, sa fidélité aux principes traditionnels.]

(1) Profondeur (P. L.)

d'espace jusqu'au bimétallisme, depuis l'éternité de la matière et du mouvement jusqu'à la périssable nature de nos idées morales, depuis la sélection naturelle de Darwin jusqu'à l'éducation de la jeunesse dans une société future. Néanmoins l'universalité systématique de mon adversaire me procurait l'occasion de développer, en opposition à lui et pour la première fois dans leur enchaînement, les opinions que nous avions, Marx et moi, sur cette grande variété de sujets. Telle fut la principale raison qui m'engagea à entreprendre cette tâche, d'ailleurs ingrate.

Ma réponse, d'abord publiée en une série d'articles dans le *Vorwärts* de Leipzig, l'organe principal du Parti socialiste, fut ensuite imprimée en un volume sous le titre : *Bouleversement de la science par M. Eugène Dühring*. Une deuxième édition parut à Zurich en 1886 (1).

Sur la demande de mon ami Paul Lafargue, je remaniai trois chapitres (2) de ce volume pour former une brochure qu'il traduisit et publia (3) en 1880 sous le titre de *Socialisme utopique et socialisme scientifique*. Des éditions polonaise et espagnole furent faites d'après le texte français; mais en 1883 nos amis d'Allemagne firent paraître la brochure dans sa langue originelle; depuis, des traductions faites sur le texte allemand ont été publiées en italien, en russe, en danois, en hollandais et en roumain, de telle sorte que, avec cette présente traduction anglaise, ce petit volume circule en dix langues. Je ne connais aucun autre ouvrage socialiste, pas même notre *Manifeste communiste* de 1848 et le *Capital* de Marx, qui ait été si souvent traduit : en

(1) L'*Antidühring* (comme disent les Allemands) a été, en 1911, traduit en français par M. Edmond Laskine qui, depuis... Mais M. Laskine comptait alors sur le marxisme pour se pousser dans le monde. Sa traduction (1 vol. in-8 de CXIV-420 pages) est intitulée : *Philosophie, Economie politique, Socialisme (Contre Eugène Dühring)*.

(2) Ce sont : le chap. I de l'Introduction, les chap. I et II de la IIIe Partie. Le chap. I de l'Introduction a été coupé en deux morceaux, entre lesquels le chap. I de la IIIe Partie a été intercalé. Le remaniement, au surplus, n'a pas été fait avec un très grand soin, d'où certaines répétitions (par exemple, p. x).

(3) Dans la première *Revue socialiste*, celle de 1880.

Allemagne il a passé par quatre éditions formant un total de 20.000 exemplaires.

L'Angleterre, berceau du matérialisme

Je sais parfaitement que ce travail ne sera pas accueilli favorablement par une partie considérable du public anglais. Mais si nous, continentaux, nous eussions prêté la moindre attention aux préjugés de la *respectabilité* britannique, nous nous trouverions dans une position pire que celle où nous sommes. Cette brochure défend ce que nous nommons le « matérialisme historique » et le mot matérialisme écorche les oreilles de l'immense majorité des lecteurs anglais. *Agnosticisme* peut être toléré, mais matérialisme est absolument inadmissible (1).

Et cependant le berceau du matérialisme moderne est, au XVIIe siècle, l'Angleterre.

« Le matérialisme est le fils naturel de la Grande Bretagne. Déjà son grand scolastique, Duns Scot, s'était demandé si la matière ne pouvait pas penser.

« Pour réaliser ce miracle, il eut recours à la toute-puissance de Dieu, il contraignit de la sorte la théologie à prêcher le matérialisme. D'ailleurs il était nominaliste. Le nominalisme, cette première forme du matérialisme, fleurit principalement chez les scolastiques anglais.

« Le père authentique du matérialisme anglais et de la science expérimentale tout entière, est Bacon. La science naturelle est pour lui la seule vraie science; et la physique basée sur l'expérience des sens, est la par-

(1) Herbert Spencer, Huxley, les philosophes et les savants du darwinisme, pour ne pas choquer la respectabilité de leurs compatriotes, se nommèrent *agnostiques*, voulant dire, par ce mot grec, qu'ils étaient privés de toute connaissance sur Dieu, la matière, les causes finales, la chose en soi, etc. Des farceurs le traduisirent en anglais : *Know-nothing*, ne connais rien! Auguste Comte avait également débarrassé son positivisme de ces questions gênantes, pour ne pas déplaire à la bourgeoisie française qui reniait la philosophie du XVIIIe siècle et qui, comme le chien de la Bible, retournait à son vomissement catholique. (P. L.)

tie fondamentale de la science naturelle. Anaxagoras et ses *homoioméries*, Démocrite et ses atomes sont ses autorités préférées. Les sens sont, dans sa doctrine, infaillibles; ils sont la source de toute connaissance. La science est science expérimentale, elle a pour fonction de soumettre à une méthode rationnelle les données fournies par les sens. L'induction, l'analyse, la comparaison, l'observation et l'expérimentation sont les formes principales d'une méthode rationnelle. La première et la principale des propriétés innées de la matière est le mouvement, non pas seulement en temps que mouvement mécanique et mathématique, mais encore et surtout en temps qu'impulsion, principe vital, tension, *torture* (*qual*) (1), pour employer l'expression de Jacob Bœhme.

« Le matérialisme, chez Bacon, son premier créateur, recèle encore, d'une manière naïve, les germes d'un développement universel. La matière sourit à l'homme dans toute sa sensuelle et poétique splendeur. La doctrine aphoristique fourmille, en revanche, d'inconséquences théologiques.

« Le matérialisme, dans le cours de son développement, devient unilatéral. Hobbes systématise le matérialisme baconien. Le sensualisme perd sa fleur et devient l'abstrait sensualisme du géomètre. Le mouvement physique est sacrifié au mouvement mécanique ou mathématique : la géométrie est proclamée la première des sciences. Le matérialisme se fait misanthrope : s'il veut vaincre le misanthropique et décharné spiritualisme sur son propre terrain, il faut que le matérialisme mortifie sa propre chair et se fasse ascète. Il apparaît comme un être de raison, et comme tel développe sans scrupules les conséquences de la raison.

« Hobbes, partant de Bacon, démontre que si ce sont

(1) *Qual* est un jeu de mot philosophique. *Qual* signifie littéralement torture, une souffrance qui pousse à une action quelconque. Le mystique Bœhme donne aussi au mot allemand quelque chose de la signification du mot latin *qualitas* : son *qual* était le principe actif venant de l'objet, de la relation ou de la personne et déterminant à son tour son développement spontané, en opposition à une souffrance qui lui serait infligée du dehors. (F. E.)

les sens qui fournissent toutes ses connaissances à l'homme, alors les conceptions, les idées, ne sont que les fantômes du monde matériel plus ou moins dépouillé de ses formes sensibles. La science ne peut que donner des noms à ces fantômes. On peut appliquer un seul nom à plusieurs fantômes. Il peut même y avoir des noms de noms. Mais ce serait une contradiction, d'une part d'admettre que toutes les idées tirent leur origine du monde sensible, et d'autre part de prétendre qu'un mot est plus qu'un mot; que, en dehors des êtres perçus par nos sens et toujours individuels, il existe encore des êtres généraux. Parler d'une substance incorporelle est aussi absurde que de parler d'un corps incorporel. Corps, Etre, Substance, ne sont que des termes différents pour une seule et même réalité. On ne saurait séparer la pensée de la matière pensante. Cette matière est le substratum de tous les changements qui s'opèrent. Le mot *infini* est vide de sens alors qu'il ne signifie pas la faculté de notre esprit d'additionner sans fin. Puisque seules les choses matérielles sont perceptibles par nos sens, on ne sait rien de l'existence de Dieu. Seule ma propre existence est certaine. Toute passion humaine est un mouvement mécanique, qui commence ou finit. Les objets des impulsions sont le bien. L'homme est assujeti aux mêmes lois que la nature. Force et liberté sont identiques.

« Hobbes avait systématisé Bacon, mais il n'avait pas fourni de preuves à l'appui de son principe fondamental, que l'origine des connaissances et des idées est dans le monde sensible : c'est Locke qui fournit cette preuve dans son *Essai sur l'origine de l'entendement humain*.

« Si Hobbes avait réduit à néant les préjugés déistes du matérialisme de Bacon, Collins, Dodwall, Coward, Hartley, Priestley, etc., abattirent le dernier obstacle théologique du sensualisme de Locke. En tout cas, pour le matérialisme pratique le théisme n'est qu'une façon commode de se débarrasser de la religion (1) ».

---

(1) Marx et Engels : *Die Heilige Familie*, Francfort, 1845, pp. 201-204

Ainsi écrivait Marx à propos de l'origine britannique du matérialisme moderne : si les Anglais d'aujourd'hui ne sont pas particulièrement enchantés de la justice rendue à leurs ancêtres, tant pis pour eux ! Il n'en reste pas moins indéniable que Bacon, Hobbes et Locke sont les pères de cette brillante pléïade de matérialistes français qui, en dépit des victoires sur terre et sur mer remportées par les Anglais et les Allemands, firent du XVIIIe siècle le siècle français par excellence, même avant son couronnement par la Révolution française, dont nous, *outsiders* (1) nous essayons en Allemagne et en Angleterre d'acclimater les résultats.

Il n'y a pas à le nier : l'étranger cultivé qui, vers le milieu du siècle, élisait domicile en Angleterre, était offusqué d'être obligé de s'incliner devant la stupidité et la bigoterie religieuse de la « respectable » classe moyenne anglaise. Nous étions à cette époque tous matérialistes ou tout au moins des libres-penseurs très avancés et il était inconcevable pour nous que presque toutes les personnes instruites pussent ajouter foi à toutes sortes d'impossibles miracles et que même les géologues, comme Buckland et Mantell, torturassent les données de leurs sciences pour qu'elles ne vinssent pas en contradiction avec les mythes de la Genèse : tandis que pour rencontrer des hommes osant se servir de leurs facultés intellectuelles en matière religieuse, il fallait aller parmi les illettrés, les *great unwashed*, comme on les dénommait, spécialement parmi les socia listes oweniens (2).

---

(1) *Outsider*, en anglais, signifie : *celui qui est en dehors.*

(2) *Great unwashed*, littéralement, les grands non lavés : Ledru-Rollin, Mazzini, Pyat et les républicains à l'eau de rose de 1848 avaient le même mépris pour les socialistes; ils disaient que les *democ-socs* étaient en guerre avec le savon. La propreté est un luxe coûteux, que la classe ouvrière, tondue par la bourgeoisie, ne peut se payer que difficilement : ces beaux esprits faisaient aux ouvriers un crime de la misère que leur imposaient leurs compères de la bourgeoisie. (P. L.)

L'agnosticisme anglais, matérialisme honteux

Mais, depuis, l'Angleterre s'est civilisée. L'Exposition de 1851 sonna le glas de son exclusivisme insulaire : elle s'est graduellement internationalisée pour la nourriture, les mœurs et les idées, à un tel point que je commence à souhaiter que certaines coutumes et habitudes anglaises fassent leur chemin sur le continent, comme d'autres coutumes continentales l'ont fait ici. N'importe, la propagation de l'huile à salade, que l'aristocratie connaissait seule avant 1851, a été accompagnée d'une fatale propagation du scepticisme continental en matière religieuse, et il est arrivé que l'agnosticisme, sans être encore tenu pour aussi *comme il faut* que l'Eglise d'Angleterre, est placé, en ce qui regarde la respectabilité, sur le même plan que le baptisme et incontestablement au-dessus de l'Armée du Salut (1). Je ne puis m'empêcher de songer que, dans la circonstance, ce sera une consolation pour ceux qui se lamentent sur les progrès de l'irréligion d'apprendre que ces « notions de date récente » ne sont pas d'origine étrangère et manufacturées en Allemagne, ainsi que beaucoup d'objets d'usage quotidien, mais qu'elles sont, sans contradiction possible, tout ce qu'il y a de plus *Old England* et que les Anglais d'il y a 200 ans qui les mirent au monde allaient bien plus loin que n'osent encore le faire leurs descendants d'aujourd'hui.

En fait, qu'est-ce que c'est que l'agnosticisme, si non un matérialisme honteux? La conception de la nature qu'a l'agnostique est entièrement matérialiste. Le monde naturel est gouverné par des lois et n'admet pas l'intervention d'une action extérieure; mais il ajoute : « Nous ne possédons pas le moyen d'affirmer ou d'infirmer l'existence d'un être supérieur quelconque au delà de l'univers connu ». Ceci pouvait avoir sa raison d'être à l'époque où Laplace répondait fièrement à

(1) Le Baptisme est une secte nombreuse en Angleterre et aux Etats-Unis : son dogme distinctif est de baptiser à l'âge adulte par l'immersion complète du corps du croyant. (P. L.)

Napoléon, lui demandant pourquoi, dans sa *Mécanique céleste*, il n'avait pas même mentionné le nom du créateur : « Je n'avais pas besoin de cette hypothèse ». Mais aujourd'hui, avec notre conception évolutionniste de l'univers, il n'y a plus absolument de place pour un créateur ou un ordonnateur; et parler d'un être suprême, mis à la porte de tout l'univers existant, implique une contradiction dans les termes et me semble une injure gratuite aux sentiments des gens religieux.

Notre agnostique admet aussi que nos connaissances sont basées sur les données fournies par les sens : mais il s'empresse d'ajouter : « Comment savoir que nos sens nous fournissent de correctes représentations des objets perçus par leur intermédiaire ? » Et il continue, en nous informant que, quand il parle des objets et de leurs qualités, il n'entend pas en réalité ces objets et ces qualités, dont on ne peut rien savoir de certain, mais simplement les impressions par eux produites sur ses sens.

Il nous semble difficile de combattre avec des arguments cette manière de raisonner. Mais avant l'argumentation était l'action. *Im Anfang war die That* (1). Et l'action humaine a résolu la difficulté longtemps avant que l'ingéniosité humaine l'eût inventée.

Du moment que nous employons à notre usage ces objets d'après les qualités que nous percevons en eux, nous soumettons à une épreuve infaillible l'exactitude ou l'inexactitude de nos perceptions sensorielles. Si ces perceptions sont fausses, l'usage de l'objet qu'elles nous ont suggéré est faux; par conséquent notre tentative doit échouer. Mais si nous réussissons à atteindre notre but, si nous constatons que l'objet correspond à l'idée que nous en avons, c'est la preuve positive que nos perceptions de l'objet et ses qualités concordent *jusque-là* avec la réalité en dehors de nous. Quand nous échouons, nous ne sommes pas longs, généralement à découvrir la cause de notre insuccès; nous trouvons que la perception qui a servi de base à notre tentative, ou bien était par elle-même incomplète ou superficielle, ou

(1) « Au commencement était l'action. » (GOETHE, *Faust*.)

bien avait été rattachée d'une façon que ne justifiait pas la réalité aux données d'autres perceptions — c'est ce que nous appelons un raisonnement défectueux. Aussi souvent que nous aurons pris le soin d'éduquer et d'utiliser correctement nos sens et de renfermer notre action dans les limites prescrites par nos perceptions correctement obtenues et correctement utilisées, aussi souvent nous trouverons que le résultat de notre action démontre la conformité de nos perceptions avec la nature objective des objets perçus. Jusqu'ici il n'y a pas un seul exemple que nos perceptions sensorielles, scientifiquement contrôlées, engendrent dans notre esprit des idées sur le monde extérieur, qui soient par leur nature même en contradiction avec la réalité ou qu'il y ait incompatibilité immanente entre le monde extérieur et les perceptions sensorielles que nous en avons.

Maintenant arrive l'agnostique néo-kantien, et il dit : « Nous pouvons correctement percevoir les qualités d'un objet, mais, par aucun procédé sensoriel ou mental, nous ne pouvons connaître la chose en soi. La *chose en soi* est au delà de notre atteinte. » Hegel, depuis longtemps, a répondu : « Si vous connaissez toutes les qualités d'une chose, vous connaissez la chose en soi; il ne reste de plus que le fait que la dite chose existe en dehors de vous, et quand vos sens vous ont appris ce fait, vous avez saisi le dernier reste de la chose en soi, le célèbre inconnaissable, le *Ding an sich* (1) de Kant ». Il est juste d'ajouter que, du temps de Kant, notre connaissance des objets naturels était si fragmentaire qu'il pouvait se croire en droit de supposer, au delà du peu que nous connaissions de chacun d'eux, une mystérieuse « chose en soi ». Mais ces insaisissables choses ont été les unes après les autres saisies, analysées et, ce qui est plus, *reproduites* par les progrès gigantesques de la science : ce que nous pouvons produire, nous ne pouvons pas prétendre le considérer

(1) *Ding an sich* signifie chose en soi. La *chose en soi* est inconnaissable et s'oppose au *phénomène* qui, lui, est objet de connaissance.

comme inconnaissable. Les substances organiques étaient ainsi, pour la chimie de la première moitié du siècle, des objets mystérieux; aujourd'hui nous apprenons à les fabriquer les unes après les autres avec leurs éléments chimiques, sans l'aide d'aucune opération organique. Les chimistes modernes déclarent que, dès que la constitution chimique de n'importe quel corps est connue, il peut être fabriqué avec ses éléments. Nous sommes encore loin de connaître la constitution des substances organiques les plus élevées, les corps albuminoïdes; mais il n'y a pas de raison pour désespérer que nous parviendrons à cette connaissance, après des siècles de recherches, s'il le faut, et qu'ainsi armés, nous arriverons à produire de l'albumine artificielle. Quand nous serons arrivés là, nous aurons fabriqué la vie organique, car la vie, de ses formes les plus simples aux plus élevées, n'est que la manière d'être normale des corps albuminoïdes.

Cependant, dès que notre agnostique a fait ces réserves mentales de pure forme, il parle et agit comme le plus fieffé matérialiste, qu'il est au fond. Il dira bien : « Etant donné l'état de nos connaissances, la matière et le mouvement — l'énergie, comme on dit à présent — ne peuvent être ni créés ni détruits, mais nous n'avons pas de preuves qu'ils n'ont pas été créés à un moment quelconque ». Mais si vous essayez de retourner contre lui ce raisonnement, dans un cas particulier quelconque, il s'empresse de clore le débat. S'il admet la possibilité du spiritualisme *in abstracto*, il ne veut pas en entendre parler *in concreto*. Il vous dira : « Autant que nous connaissons et pouvons connaître, il n'existe pas de créateur et d'ordonnateur de l'univers; pour ce qui nous regarde, la matière et l'énergie ne peuvent être ni créées ni détruites; pour nous, la pensée est une forme de l'énergie, une fonction du cerveau; tout ce que nous savons, c'est que le monde matériel est gouverné par des lois immuables et ainsi de suite. » Donc, en tant qu'il est un homme de science, en tant qu'il sait quelque chose, il est matérialiste, mais hors de sa science, dans les sphères où il ne sait rien, il traduit son ignorance en grec et l'appelle *agnosticisme*.

En tout cas, une chose me paraît claire : même si j'étais un agnostique, il est évident que je ne pourrais appeler la conception de l'histoire esquissée dans ce petit livre « agnosticisme historique ». Les gens religieux se moqueraient de moi, et les agnostiques s'indigneraient et me demanderaient si je veux les tourner en ridicule. J'espère donc que même la respectabilité britannique ne sera pas scandalisée si je me sers en anglais, ainsi que je le fais en plusieurs autres langues, du mot *matérialisme historique* pour désigner une conception de l'histoire qui recherche la cause première et le grand moteur de tous les événements historiques importants dans le développement économique de la société, dans la transformation des modes de production et d'échange, dans la division de la société en classes et dans les luttes de ces classes.

On m'accordera d'autant plus facilement cette permission, si je montre que le matérialisme historique a pu être de quelque avantage même à la respectabilité britannique. J'ai déjà remarqué, qu'il y a quelque 40 ou 50 ans de cela, l'étranger cultivé, qui s'établissait en Angleterre, était choqué de ce qu'il nommait la religieuse bigoterie et la stupidité de la respectable classe moyenne. Je vais démontrer que la respectable classe moyenne de l'Angleterre de cette époque n'était pas aussi stupide qu'elle paraissait l'être à l'intelligent étranger. On peut expliquer ses préjugés religieux.

Croissance sociale de la bourgeoisie

Quand l'Europe émergea du moyen âge, les bourgeoisies grandissantes des villes constituèrent chez elle l'élément révolutionnaire. Elles avaient conquis dans l'organisation féodale une position qui déjà était devenue trop étroite pour sa force d'expansion. Le développement de la classe moyenne, de la Bourgeoisie, devenait incompatible avec le maintien du système féodal : le système féodal devait donc être détruit.

Le grand centre international du féodalisme était l'Eglise catholique romaine. Elle réunissait tout l'Occident européen, malgré ses guerres intestines, en un grand système politique, opposé aux Grecs schismatiques aussi bien qu'aux pays musulmans. Elle couronnait les institutions féodales de l'auréole d'une consécration divine. Elle avait modelé sa propre hiérarchie sur celle de la féodalité et elle avait fini par devenir le seigneur féodal le plus puissant, propriétaire d'un bon tiers au moins des terres du monde catholique. Avant que le féodalisme put être attaqué en détail dans chaque pays, il fallait que cette organisation centrale fut détruite.

Parallèlement avec la croissance de la Bourgeoisie, se produisait le grand réveil de la science; de nouveau l'astronomie, la mécanique, la physique, l'anatomie et la physiologie étaient cultivées. La Bourgeoisie avait besoin, pour le développement de sa production, d'une science qui se rendit compte des propriétés physiques, des objets naturels et des modes d'action des forces de la nature. Jusque-là, la science avait été l'humble servante de l'Eglise, qui ne lui avait jamais permis de franchir les limites posées par la foi, et pour cette raison la science n'avait rien de scientifique. La science s'insurgea contre l'Eglise; la Bourgeoisie, ne pouvant rien sans la science, dut par conséquent se joindre au mouvement de révolte.

Ceci, bien qu'intéressant seulement deux des points où la Bourgeoisie grandissante devait totalement entrer en collision avec la religion établie, sera suffisant pour démontrer, d'abord que la classe la plus directement intéressée dans la lutte contre les prétentions de l'Eglise catholique était la Bourgeoisie, et ensuite que toute lutte contre le féodalisme revêtait à l'époque un déguisement religieux et devait en premier lieu être dirigée contre l'Eglise. Mais si les universités et les marchands des villes lancèrent le cri de guerre, il était certain qu'il trouverait — et il trouva en effet — un écho dans les masses populaires des campagnes, chez les paysans, qui partout désiraient lutter pour leur existence contre les seigneurs féodaux, tant spirituels que temporels.

La longue lutte de la Bourgeoisie contre le féodalisme fut marquée par trois grandes et décisives batailles.

Emancipation de la bourgeoisie : 1° La Réforme protestante

La première est la Réforme protestante en Allemagne. Au cri de guerre de Luther contre l'Eglise, deux insurrections politiques répondirent : l'insurrection de la petite noblesse dirigée par Franz de Sickingen (1523) et la grande guerre des paysans (1525). Toutes les deux furent vaincues, surtout à cause de l'indécision des bourgeois des villes, qui y étaient cependant les plus intéresssés; nous ne pouvons ici rechercher les causes de cette indécision. Dès ce moment, la lutte dégénéra en un combat entre les princes locaux et le pouvoir central, et se termina par l'effacement, pendant deux siècles, de l'Allemagne d'entre les nations européennes jouant un rôle politique. La réforme luthérienne enfanta néanmoins une nouvelle croyance, une religion adaptée à la monarchie absolue. Les paysans allemands du nord-est n'étaient pas plutôt convertis au luthéranisme, qu'ils étaient transformés d'hommes libres en serfs.

Mais là où Luther échoua, Calvin remporta la victoire. La réforme de Calvin répondait aux besoins de la Bourgeoisie la plus avancée de l'époque. Sa doctrine de la prédestination (1) était l'expression religieuse du fait que, dans le monde commercial de la concurrence, le succès et l'insuccès ne résultent ni de l'activité, ni de l'habileté de l'homme, mais de circonstances indépen-

(1) Doctrine selon laquelle les individus sont d'avance, et quoi qu'ils puissent faire, élus ou réprouvés.

dantes de son contrôle. Ces circonstances ne dépendent ni de celui qui veut, ni de celui qui travaille; elles sont à la merci de puissances économiques supérieures et inconnues; et ceci était particulièrement vrai à une époque de révolution économique, alors que tous les anciens centres de commerce et toutes les routes étaient remplacés par d'autres, que les Indes et l'Amérique étaient ouvertes au monde, et que les articles de foi économique les plus respectables par leur antiquité — la valeur respective de l'or et de l'argent — commençaient à chanceler et à s'écrouler. La constitution de l'Eglise de Calvin était absolument démocratique et républicaine, et là où le royaume de Dieu était républicanisé, les royaumes de ce monde ne pouvaient rester sous la domination de monarques, d'évêques et de seigneurs. Tandis que le luthéranisme allemand consentait à devenir un instrument entre les mains des princes, le calvinisme fonda une république en Hollande et d'actifs partis républicains en Angleterre et surtout en Ecosse.

Emancipation de la bourgeoisie : 2° La Révolution anglaise ; naissance du matérialisme

Le deuxième grand soulèvement de la Bourgeoisie trouva dans le calvinisme une doctrine taillée et cousue à sa mesure. L'explosion eut lieu en Angleterre. (1) Les classes moyennes des villes se lancèrent les premières dans le mouvement, et la *yeomanry* des campagnes le fit triompher (2).

Il est curieux que, dans les trois révolutions de la Bourgeoisie, la paysannerie fournisse les armées pour soutenir le combat et qu'elle soit la classe qui doive être ruinée par les conséquences économiques de la victoire. Un siècle après Cromwell, la *yeomanry* avait vécu. Cependant sans cette *yeomanry* et sans

(1) 1648 et années suivantes.

(2) Les *yeomen* étaient des petits propriétaires libres et cultivant eux-mêmes leurs terres; ils étaient très nombreux à cette époque en Angleterre. (P. L.)

l'élément plébéien des villes, jamais la Bourgeoisie livrée à ses propres forces n'aurait pu continuer la lutte jusqu'à la victoire et n'aurait pu faire monter Charles Ier sur l'échafaud. Pour que ces conquêtes de la Bourgeoisie, qui étaient mûres et prêtes à être moissonnées, pussent être assurées, il fallut que la révolution dépassât de beaucoup le but — exactement comme en France en 1793 et comme en Allemagne en 1848. Il semble que ce soit là une des lois de l'évolution de la société bourgeoise.

Cet excès d'activité révolutionnaire fut suivi en Angleterre par l'inévitable réaction, qui à son tour dépassa le point où elle aurait pu se maintenir. Après une série d'oscillations, le nouveau centre de gravité finit par être atteint et il devint un nouveau point de départ. La grande période de l'histoire anglaise, que la respectabilité nomme la « Grande Rébellion », et les luttes qui suivirent furent élaborées par un événement relativement mesquin, et que cependant les historiens décorent du titre de « Glorieuse Révolution ».

Le nouveau point de départ était un compromis entre les classes moyennes grandissantes et les ci-devant propriétaires féodaux. Ces derniers, bien que nommés encore aujourd'hui l'aristocratie, étaient en train de devenir ce que Louis-Philippe devint : « le premier bourgeois du royaume ». Heureusement pour l'Angleterre que les vieux seigneurs féodaux s'étaient entretués durant la Guerre des Deux-Roses (1). Leurs successeurs, quoique généralement issus de vieilles familles, étaient si hors de la voie tracée par les ancêtres qu'ils constituèrent une nouvelle classe ayant des habitudes et des tendances plutôt bourgeoises que féodales. Ils connaissaient parfaitement la valeur de l'argent et ils commencèrent immédiatement à augmenter leurs rentes foncières, en expulsant des centaines de petits fermiers et en les remplaçant par des moutons. Henry VIII, en dissipant en donations et prodigalités

(1) 1455-1485. — Henry VIII, dont il est question plus bas, régna sur l'Angleterre de 1509 à 1547 et rompit avec l'Eglise catholique.

les terres de l'Eglise, créa une légion de nouveaux seigneurs bourgeois : les innombrables confiscations de grands domaines, qu'on recédait à des demi ou à de parfaits parvenus, continuées après lui pendant le XVIIe siècle, aboutirent au même résultat. Par conséquent, à partir de Henry VIII, l'aristocratie anglaise, loin de contrecarrer le développement de la production industrielle, chercha au contraire à en bénéficier indirectement et il s'est trouvé un grand nombre de propriétaires fonciers, toujours disposés, pour des raisons économiques et politiques, à coopérer avec les *leaders* de la Bourgeoisie industrielle et financière. Le compromis de 1689 s'accomplit donc aisément. Le butin politique — les richesses et les places — était abandonné aux grandes familles nobiliaires, à condition que les intérêts économiques de la Bourgeoisie industrielle et financière ne fussent pas négligés, et ces intérêts économiques étaient à l'époque suffisamment puissants pour dominer la politique générale de la nation. Il y avait bien des querelles sur les questions de détail, mais l'oligarchie aristocratique comprenait que sa prospérité économique était irrévocablement liée à celle de la Bourgeoisie industrielle et commerciale.

A partir de ce moment, la Bourgeoisie devint une fraction composante, humble, mais officiellement reconnue, des classes gouvernantes de l'Angleterre, ayant avec les autres fractions un intérêt commun au maintien de la sujétion de la grande masse ouvrière de la nation. Le marchand ou le manufacturier occupa la position de maître ou, comme on dit plus tard, de *supérieur naturel* vis-à-vis de ses ouvriers, commis et domestiques. Son intérêt lui commandait de leur soutirer autant de bon travail que possible; pour cela il devait les accoutumer à la soumission convenable. Il était religieux, la religion avait été le drapeau sous lequel il avait combattu le roi et les seigneurs; il ne fut pas long à découvrir les avantages que l'on pouvait tirer de cette même religion pour travailler l'esprit de ses *inférieurs naturels* et pour les rendre souples aux ordres des maîtres qu'il avait plu à Dieu de placer au-dessus d'eux. En fait, la Bourgeoisie anglaise avait à prendre sa part dans l'oppression des *classes inférieures*, de la grande masse productrice de la nation, et un de ses instruments d'oppression fut la religion.

Un autre fait contribua à renforcer le penchant religieux de la Bourgeoisie; ce fut la naissance du matérialisme en Angleterre. La nouvelle doctrine choquait non seulement les pieux sentiments de la classe moyenne, mais elle s'annonçait comme une philosophie accommodée seulement au goût des gens du monde instruits et cultivés, qui jugeaient la religion assez bonne pour les classes illettrées, y compris la Bourgeoisie. Avec Hobbes, le matérialisme apparut sur la scène, comme défenseur de l'omnipotence et des prérogatives royales; il faisait appel à la monarchie absolue pour maintenir sous le joug ce *puer robustus sed malitiosus* (1) qu'était le peuple. Il en fut de même avec les successeurs de Hobbes, avec Bolingbroke, Shaftesbury, etc. ; la nouvelle forme déiste ou matérialiste demeura, comme par le passé, une doctrine aristocratique, ésotérique et par conséquent haïssable à la Bourgeoisie et par ses hérésies religieuses, et par ses conséquences politiques anti-bourgeoises. Par conséquent, en opposition à ce matérialisme et à ce déisme aristocratiques, les sectes protestantes qui avaient fourni le drapeau et les combattants dans la guerre contre les Stuarts, continuèrent à constituer la force principale de la Bourgeoisie progressive et forment encore aujourd'hui l'épine dorsale du « Grand Parti libéral ».

Emancipation de la bourgeoisie : 3° Matérialisme du XVIIIe siècle et Révolution française

Pendant ce temps, le matérialisme passait d'Angleterre en France où il rencontra une autre école matérialiste, une branche du cartésianisme avec laquelle il se fondit. Tout d'abord, il demeura en France une doctrine

(1) « Cet enfant robuste, mais malicieux. »

exclusivement aristocratique; mais son caractère révolutionnaire ne tarda pas à s'affirmer. Les matérialistes français ne limitèrent par leurs critiques aux questions religieuses, ils s'attaquèrent à toutes les traditions scientifiques et institutions politiques qu'ils trouvèrent sur leur route; et afin de prouver que leur doctrine avait une application universelle, ils l'appliquèrent bravement à tous les sujets de la science dans une œuvre de géants dont ils prirent le nom, — *l'Encyclopédie*. Ainsi sous l'une ou l'autre de ses deux formes — matérialisme avoué ou déisme — cette doctrine devint celle de toute la jeunesse instruite de France, à tel point que lorsque la Grande Révolution éclata, la doctrine philosophique, couvée en Angleterre par les royalistes, donna un drapeau théorique aux républicains et aux terroristes, et fournit le texte de la Déclaration des droits de l'homme. La Grande Révolution française fut le troisième soulèvement de la Bourgeoisie; mais elle fut le premier qui rejeta l'accoutrement religieux et livra toutes ses batailles sur le terrain politique; elle fut aussi le premier qui poussa la lutte jusqu'à la destruction d'une des parties guerroyantes, l'aristocratie, et jusqu'au complet triomphe de l'autre, la Bourgeoisie. L'existence en Angleterre des institutions pré-révolutionnaires et post-révolutionnaires et le compromis entre les seigneurs fonciers et les capitalistes trouvent leur expression dans l'existence des précédents juridiques et dans la religieuse conservation des formes féodales de la loi.

La Révolution française fut une complète rupture avec les traditions du passé, elle balaya les derniers vestiges du féodalisme et formula le *Code civil*, qui est une géniale adaptation de l'ancienne loi romaine aux conditions du capitalisme moderne; il est une expression presque parfaite des relations économiques correspondant au moment économique que Marx nomme la production de marchandises; si géniale, que ce Code de la France révolutionnaire sert de modèle pour la réforme des lois sur la propriété dans tous les pays, sans en excepter l'Angleterre.

N'oublions pas que si la loi anglaise continue à exprimer les relations économiques de la société capitaliste dans cette langue barbare de la féodalité, qui correspond à la chose exprimée juste comme l'orthographe anglaise correspond à la prononciation anglaise, — *vous écrivez Londres et vous prononcez Constantinople,* disait un Français, — cette même loi anglaise est aussi la seule qui ait conservé à travers les siècles et transmis à l'Amérique et aux colonies la meilleure part de cette liberté personnelle d'origine germanique, de ce *self government* local (1) et de cette indépendance à l'égard de toute intervention, celle des cours de justice exceptée, qui sur le continent ont été perdus pendant l'époque de la monarchie absolue et n'ont été reconquis nulle part.

La Bourgeoisie anglaise contre le matérialisme et la Révolution

Revenons à notre Bourgeoisie anglaise. La Révolution française lui procura une splendide occasion de détruire avec le concours des monarchies continentales le commerce maritime français, d'annexer les colonies françaises, et d'écraser les dernières prétentions de la France à la rivalité maritime. C'est une des raisons pour laquelle elle combattit la Révolution.

L'autre était que sa manière de procéder ne lui plaisait pas. Non seulement son « exécrable » terrorisme, mais même son essai de pousser à l'extrême la loi bourgeoise. Que deviendrait la Bourgeoisie anglaise sans son aristocratie, qui lui enseignait les belles manières, pour vilaines qu'elles étaient, qui inventait pour elle ses modes, qui fournissait des officiers à l'armée, pour le maintien de l'ordre à l'intérieur, et à la flotte, pour la conquête de colonies et de nouveaux marchés à l'extérieur ? Il est vrai qu'il y avait une minorité progressive de Bourgeoisie, dont les intérêts n'étaient pas

(1) Nom donné en Angleterre à l'autonomie locale.

aussi bien servis par ce compromis; cette fraction, recrutée principalement dans la classe moyenne la moins riche, sympathisa avec la Révolution, mais elle était impuissante dans le Parlement.

Ainsi, tandis que le matérialisme devenait la foi de la Révolution française, la Bourgeoisie anglaise vivant dans la crainte du Seigneur, se cramponna d'autant plus à sa religion. Le règne de la Terreur à Paris ne montrait-il pas à quoi on arriverait si la masse perdait ses sentiments religieux? Plus le matérialisme se propageait de France aux autres pays, renforcé par de similaires courants doctrinaux, principalement par la philosophie allemande, plus le matérialisme et la libre pensée devenaient, sur le continent, les qualités requises de tout esprit cultivé, plus la classe moyenne d'Angleterre se crétinisait dans ses nombreuses sectes religieuses. Ces sectes différaient entre elles, mais toutes étaient fortement religieuses et chrétiennes.

Tandis que la Révolution assurait en France le triomphe de la Bourgeoisie, en Angleterre Watt, Arkwright, Cartwright (1) et d'autres commençaient une révolution industrielle qui déplaça le centre de gravité de la puissance économique. La richesse de la Bourgeoisie grandit colossalement, plus rapidement que celle de l'aristocratie. Dans la Bourgeoisie elle-même, l'aristocratie financière, les banquiers, etc. étaient relégués au second plan par les manufacturiers. Le compromis de 1689, même après les changements graduels qu'il avait subis à l'avantage de la Bourgeoisie, ne correspondait plus aux positions relatives des parties contractantes. Le caractère de ces parties s'était également modifié; la Bourgeoisie de 1830 différait grandement de celle du siècle précédent. La puissance politique, demeurée dans les mains de l'aristocratie, qui l'employait pour résister aux nouvelles prétentions de la Bourgeoisie industrielle, devint incompatible avec les nouveaux

(1) On sait que ces trois Anglais inventèrent : le premier, la machine à vapeur; le second, la machine à filer (*mule-jenny*); le troisième, le métier à tisser, le tout entre 1764 et 1790.

intérêts économiques. Une lutte nouvelle avec l'aristocratie s'imposait, qui ne pouvait se terminer que par la victoire de la nouvelle puissance économique. D'abord le *Reform Act*, grâce à l'impulsion imprimée par la Révolution française de 1830, passa en dépit de toutes les oppositions. Il donna à la Bourgeoisie une puissante influence dans le Parlement. Puis l'abrogation des lois sur les céréales assura pour jamais la suprématie de la Bourgeoisie sur l'aristocratie, principalement de sa fraction la plus active, les manufacturiers. C'était la plus grande victoire de la Bourgeoisie; ce fut la dernière qu'elle remporta pour son profit exclusif. Tous ses autres triomphes, par la suite, elle dut en partager les bénéfices avec une nouvelle puissance sociale, d'abord son alliée, mais bientôt sa rivale.

Apparition du prolétariat anglais

La révolution industrielle avait donné naissance à une classe de puissants manufacturiers capitalistes et aussi à une classe d'ouvriers manufacturiers bien plus nombreuse. Cette classe grandit à mesure que la révolution industrielle s'emparait branche à branche de toute la manufacture, et sa puissance grandissait en proportion. Cette puissance se fit sentir dès 1824, en obligeant un Parlement récalcitrant à suspendre les lois interdisant les coalitions ouvrières. Pendant l'agitation pour le *Reform Act*, les ouvriers formèrent l'aile radicale du parti réformiste; le *Reform Act* de 1832 les ayant exclus du suffrage, ils formulèrent leurs revendications dans la Charte du Peuple et s'organisèrent, en opposition aux grands bourgeois de l'abolition des lois sur les céréales, en parti indépendant, le Parti Chartiste, le premier parti ouvrier des temps modernes.

Alors éclatèrent les révolutions continentales de février-mars 1848, dans lesquelles le peuple ouvrier joua un rôle si prépondérant et formula, du moins à Paris, des revendications qui, à coup sûr, étaient inadmissibles, au point de vue capitaliste. Et alors survint la réaction générale. D'abord la défaite des Chartistes, le 10 avril 1848; puis l'écrasement de l'insurrection des ouvriers parisiens, en juin; puis les défaites de 1849 en Italie, en Hongrie, dans l'Allemagne du Sud, et finalement la victoire de Louis Bonaparte sur Paris, le 2 décembre 1851. Enfin pour un temps, l'épouvantail des revendications ouvrières était renversé, mais à quel prix! Si auparavant la Bourgeoisie anglaise était convaincue qu'il fallait développer l'esprit religieux dans la classe ouvrière, combien plus elle en sentit la nécessité après toutes ces expériences! Sans daigner faire attention aux railleries de leurs compères continentaux, les bourgeois anglais continuèrent à dépenser millions sur millions, année après année, pour l'évangélisation des classes inférieures; non satisfait de sa propre machinerie religieuse, John Bull appela à son secours Frère Jonathan, le plus habile organisateur de la religion en commerce qui existe, importa d'Amérique le *Revivalism* (1), Moody et Sankey et autres divins paillasses, et finalement accepta l'aide dangereuse de l'Armée du Salut, qui fait revivre la propagande du Christianisme primitif, déclare que les pauvres sont les élus, combat le capitalisme sur le terrain religieux et entretient un élément primitif d'antagonisme chrétien de classe, susceptible de devenir un jour dangereux pour les richards qui fournissent aujourd'hui de l'argent à son développement.

Il semble que ce soit une loi de l'évolution historique, que la Bourgeoisie ne puisse, en aucun pays d'Europe, se servir des pouvoirs politiques — du moins pour un temps assez prolongé — d'une manière aussi exclusive que l'aristocratie féodale le fit au moyen âge. Même en France, où la féodalité fut complètement déracinée, la Bourgeoisie en tant que classe, ne s'est emparée du gouvernement que pendant des périodes très courtes. Pendant le règne de Louis-Philippe (1830-1848), une très petite fraction de la Bourgeoisie gouverna le royaume,

(1) De *Revival* (réveil). Mouvement collectif de conversion, de retour à la foi, dont les pays anglo-saxons ont offert divers exemples au XIXe siècle.

la fraction la plus nombreuse fut exclue du suffrage par un *cens* très élevé (1). Sous la deuxième République (1848-1851), la Bourgeoisie toute entière gouverna, mais trois ans seulement; son incapacité amena l'Empire. C'est seulement sous la troisième République que la Bourgeoisie, en son entier, a conservé le pouvoir pendant plus de vingt ans; elle donne déjà des signes de rapide décadence (2). Un règne durable de la Bourgeoisie n'a été possible que dans des pays comme l'Amérique, où l'aristocratie était inconnue et où dès le début, la société se constitua sur la base bourgeoise. Cependant en Amérique, comme en France, les successeurs de la Bourgeoisie, les ouvriers, frappent à la porte.

Servilité de la bourgeoisie anglaise

La Bourgeoisie ne posséda jamais en Angleterre le pouvoir sans partage. Même la victoire de 1832 laissait l'aristocratie foncière en possession exclusive de toutes les fonctions gouvernementales. L'humilité avec laquelle la riche classe moyenne acceptait cette situation demeura pour moi incompréhensible, jusqu'à ce que j'eusse entendu dans un discours public un manufacturier libéral, M. W.-A. Forster, supplier les jeunes gens de Bradford d'apprendre le français, comme un moyen de faire leur chemin dans le monde; il citait sa propre expérience et racontait son embarras, quand, en sa qualité de ministre, il devait se mouvoir dans une société où le français était au moins aussi nécessaire que l'anglais. En effet les bourgeois anglais étaient d'ordinaire à cette époque des parvenus sans culture, et ne pouvaient faire autrement que d'abandonner à l'aristocratie les situations supérieures de l'Etat, où il était nécessaire d'avoir d'autres qualités que l'étroitesse insulaire

(1) Il fallait, pour être électeur, payer au moins 200 francs d'impôts directs (avant la révolution de 1830, 300 francs). C'est ce qu'on appelait le *cens* électoral.

(2) Engels écrivait ceci au lendemain de la crise boulangiste, qui avait mis en péril les institutions parlementaires.

et la suffisance insulaire, rehaussées de roublardise commerciale (1). Même aujourd'hui les débats interminables de la presse sur une éducation bourgeoise moyenne démontrent surabondamment que la Bourgeoisie anglaise ne se croit pas assez bonne pour une éducation supérieure et ambitionne quelque chose de plus modeste. Ainsi, même après l'abrogation des lois sur les céréales (2), on considéra, comme une chose entendue, que les hommes qui avaient remporté la victoire, les Cobden, les Bright, les Forster, etc. devaient être exclus de toute participation au gouvernement officiel du pays; il leur fallut attendre vingt ans pour qu'un nouveau *Reform Act* (3) leur ouvrit les portes du ministère. La Bourgeoisie anglaise est encore aujourd'hui si pénétrée du sentiment de son infériorité sociale qu'elle entretient à ses propres frais et à ceux de la nation une classe décorative de frelons pour représenter dignement la nation dans toutes les fonctions de l'Etat et elle se considère hautement honorée quand un de ses membres est trouvé assez digne pour être admis dans

---

(1) Et même en affaires, la suffisance du chauvinisme national est un triste conseiller. Jusqu'à tout dernièrement, le fabricant anglais vulgaire considérait comme au dessous de la dignité d'un Anglais de parler une autre langue que la sienne et il était fier que des « pauvres étrangers » s'établissent en Angleterre et le déchargeassent des tracas de la distribution de ses produits à l'étranger. Jamais il ne songea que des étrangers, la plupart des Allemands, s'emparaient de la sorte d'une large partie du commerce étranger de l'Angleterre, importation et exportation, et que le commerce extérieur anglais direct arrivait à être limité presque exclusivement aux colonies, à la Chine, aux Etats-Unis et à l'Amérique du Sud. Il ne remarqua pas davantage que ces Allemands commerçaient avec d'autres Allemands à l'étranger qui graduellement organisèrent un complet réseau de colonies sur toute la surface de la terre. Mais quand l'Allemagne, il y a 10 ans, commença sérieusement à produire pour l'exportation, ce réseau la servit à merveille pour accomplir sa transformation, en un si court temps, d'un pays d'exportation de céréales en un pays d'exportation de produits industriels de première importance. Mais il y a environ dix ans, le fabricant anglais prit peur et demanda à ses ambassadeurs et à ses conseils comment il se faisait qu'il ne pouvait plus garder ses clients. Les réponses furent unanimes : 1° Vous n'apprenez pas la langue de vos clients, vous attendez au contraire qu'ils apprennent la vôtre; 2° Vous n'essayez pas de satisfaire les besoins et les goûts de vos acheteurs, vous attendez qu'ils acceptent les vôtres. (F. E.)

(2) 1846. Cette abrogation marque le triomphe du libre échange sur le protectionnisme et de la bourgeoisie anglaise sur les *landlords*.

(3) La réforme électorale de 1867.

cette classe *sélect* et privilégiée, manufacturée après tout par elle-même.

La Bourgeoisie industrielle et commerciale n'était pas encore parvenue à chasser l'aristocratie foncière du pouvoir politique, quand un autre rival, la classe ouvrière, fit son apparition. La réaction qui suivit le mouvement chartiste et les révolutions continentales, aussi bien que le développement sans précédent du commerce anglais de 1848 à 1866 (vulgairement attribué au seul libre-échange, mais dû bien plus au colossal développement des chemins de fer, de la navigation à vapeur et des moyens de communication en général) avaient une fois encore courbé la classe ouvrière sous la dépendance du Parti libéral, dont elle avait formé dans les temps pré-chartistes l'aile radicale. La revendication du droit de vote pour les ouvriers devint peu à peu irrésistible; tandis que les leaders whigs (1) du Parti libéral s'effaraient, Disraeli montra sa supériorité en forçant les tories (2) à saisir l'occasion et à introduire une extension du suffrage dans les villes et un remaniement des circonscriptions électorales. Puis vint le vote secret et, en 1884, l'extension du suffrage dans les campagnes et un nouveau remaniement des circonscriptions, égalisant à peu près celles-ci. Toutes ces mesures augmentaient considérablement la puissance électorale de la classe ouvrière, au point que dans 150 à 200 collèges électoraux, les ouvriers forment la majorité des votants. Mais le parlementarisme est une excellente école pour enseigner le respect de la tradition; si la Bourgeoisie regarde avec vénération et crainte religieuse ce que lord Manners appelait plaisamment « notre vieille noblesse », la masse des ouvriers regarde avec respect et déférence les bourgeois qu'elle est habituée à considérer comme ses « supérieurs ». L'ouvrier anglais était, il y a une quinzaine d'années, l'ouvrier modèle, dont la respectueuse déférence pour son maître et la timidité à réclamer ses droits consolaient nos économistes

(1) Ancien nom des libéraux.
(2) Ancien nom des conservateurs.

de l'école des *Katheder-Socialisten* (1) des incurables tendances communistes et révolutionnaires du prolétariat de leur propre nation.

Il faut une religion pour le peuple

Mais les bourgeois anglais, qui sont des hommes d'affaires, virent plus loin que les professeurs allemands. Ils n'avaient partagé qu'à contre-cœur le pouvoir avec la classe ouvrière. Ils avaient appris durant les années chartistes de quoi était capable le peuple, ce *puer robustus sed malitiosus;* ils avaient été obligés d'incorporer dans la constitution de la Grande-Bretagne la meilleure partie de la Charte du Peuple. Maintenant plus que jamais, le peuple doit être contenu dans l'ordre par des moyens moraux, et le premier et le meilleur moyen d'action est et reste encore la religion. C'est pourquoi des majorités de pasteurs siègent dans les *School boards* (2), et pourquoi la Bourgeoisie s'impose des dépenses sans cesse grandissantes pour encourager toute sorte de *revivalism*, depuis le ritualisme jusqu'à l'Armée du Salut.

Et maintenant éclata le triomphe de la respectabilité britannique sur la libre-pensée et le relâchement religieux du bourgeois continental. Les ouvriers de France et d'Allemagne étaient devenus des révoltés. Ils étaient complètement infectés de socialisme; et pour de bonnes raisons ils n'avaient pas de préjugés légaux sur la manière de conquérir la suprématie sociale. Le *puer robustus* devenait de jour en jour plus *malitiosus*.

---

(1) Socialistes de la chaire. On donne ce nom à un certain nombre de professeurs d'économie politique qui, en Allemagne, après 1870, réagirent contre les principes, les méthodes et les tendances de l'économie classique anglaise et qui préconisèrent une politique sociale. Citons parmi eux Schmoller, Adolf Wagner, Brentano. Ils étaient, bien entendu, contre-révolutionnaires. Ils ont inspiré la politique de « réformes sociales » inaugurée par Bismarck après 1880.

(2) *Schools boards* : commissions scolaires créées en 1870. Elles avaient pour rôle « de lever une taxe pour bâtir et entretenir des écoles publiques, d'obliger les parents à envoyer leurs enfants à l'école et de dispenser les pauvres de la rétribution scolaire. » (Seignobos, *Hist. pol. de l'Europe contemp.*, p. 66.)

Il ne restait aux bourgeoisies française et allemande, comme dernière ressource, qu'à jeter tout doucement par-dessus bord leur libre-pensée, ainsi que le jeune homme, à l'heure du mal de mer, jette à l'eau le cigare avec lequel il se pavanait en s'embarquant : l'un après l'autre, les voltairiens railleurs s'emmitouflèrent dans une douillette de piété, parlèrent avec respect de l'Eglise, de ses dogmes et de ses cérémonies, et s'y conformèrent quand ils y trouvaient quelque avantage. La Bourgeoisie française fit maigre le vendredi et les bourgeois allemands écoutèrent religieusement le dimanche les interminables sermons protestants. Ils se sont brouillés avec le matérialisme. *Die Religion muss dem Volk erhalten werden* — on doit conserver la religion pour le peuple, — elle seule peut sauver la société de la ruine finale. Malheureusement ils ne firent cette découverte qu'après avoir travaillé de leur mieux à détruire la religion pour toujours. Et maintenant c'était au bourgeois britannique de prendre sa revanche et de s'écrier : « Imbéciles ! il y a deux siècles que j'aurais pu vous dire cela ! »

Cependant je crains que ni la religieuse stupidité du bourgeois anglais, ni la conversion *post festum* (1) du continental ne pourront opposer une digue à la marée montante du Prolétariat. La tradition est une grande force ralentissante, elle est la *vis inertiæ* (2) de l'histoire, mais comme elle est simplement passive, elle est sûre d'être brisée; par conséquent la religion ne sera pas une sauvegarde éternelle pour la société capitaliste. Si nos idées juridiques, philosophiques et religieuses sont les produits plus ou moins directs des relations économiques dominantes dans une société donnée, ces idées ne peuvent pas, dans le cours du temps, ne pas subir le contre-coup d'une transformation complète de ces relations. Et à moins de croire à une révélation surnaturelle, nous devons admettre qu'aucun dogme religieux ne peut suffire à étayer une société chancelante.

(1) Après coup (littéralement : après la fête).
(2) La force d'inertie.

Malgré tout le prolétariat anglais s'affranchira

La classe ouvrière de l'Angleterre, de nouveau, se met en mouvement. Elle est sans doute embarrassée de traditions de différentes espèces. Traditions bourgeoises : telle cette croyance si répandue qu'il ne peut y avoir que deux partis, les conservateurs et les libéraux, et que la classe ouvrière doit conquérir son émancipation à l'aide du grand Parti libéral (1). Traditions ouvrières, héritées des premières tentatives d'action indépendante : telle l'exclusion des vieilles trade-unions, de tout ouvrier n'ayant pas fait son temps réglementaire d'apprentissage, ce qui aboutit à la création de *sarrazins* par chacune de ces trade-unions. Malgré tout, la classe ouvrière est en mouvement; même le professeur Brentano a été obligé de rapporter le fait à ses confrères du « Socialisme de la chaire ». Elle se meut, comme toute chose en Angleterre, d'un pas lent et mesuré, ici avec hésitation, là avec des résultats plus ou moins heureux; elle se remue ici et là avec une méfiance exagérée du mot socialisme, tandis qu'elle en absorbe la substance, et le mouvement s'étend et s'empare des couches ouvrières, l'une après l'autre. Le socialisme a déjà secoué de leur torpeur les manœuvres de l'East-End de Londres et, nous tous, nous savons quelle énergique impulsion ces nouvelles forces ont à leur tour imprimée. Si la marche du mouvement n'est pas aussi rapide que le désirerait l'impatience de certains d'entre nous, n'oublions pas que c'est la classe ouvrière qui préserve, vivantes, les plus magnifiques qualités du caractère anglais, et quand un terrain est conquis en Angleterre, il n'est d'ordinaire jamais perdu. Si, pour les raisons dites plus haut, les fils des vieux chartistes n'ont pas été à la hauteur de la situation, les petits-fils donnent des preuves qu'ils seront dignes de leurs ancêtres.

Mais le triomphe de la classe ouvrière européenne ne

(1) Ecrit huit ans avant la fondation du Comité pour la Représentation ouvrière, berceau du *Labour Party* (1900).

dépend pas seulement de l'Angleterre : il ne pourra être obtenu que par la coopération au moins de l'Angleterre, de la France et de l'Allemagne. Dans ces deux derniers pays, le mouvement ouvrier est bien en avant de celui de l'Angleterre. Il est en Allemagne à une distance du pouvoir que l'on peut calculer : ses progrès, depuis 25 ans, n'ont pas de précédent ; il avance avec une vitesse toujours croissante. Si la bourgeoisie allemande s'est montrée lamentablement dépourvue de capacités politiques, de discipline, de courage, d'énergie et de persévérance, la classe ouvrière allemande a donné de nombreuses preuves de toutes ces qualités. Il y a quatre siècles, l'Allemagne fut le point de départ du premier soulèvement de la Bourgeoisie européenne; au stade où sont arrivés les événements, est-il hors des limites du possible que l'Allemagne soit encore le théâtre de la première grande victoire du *Prolétariat européen?*

F. E.

Londres, 20 avril 1892.

Socialisme utopique et Socialisme scientifique

I. — SOCIALISME UTOPIQUE

L'ensemble d'idées que représente le Socialisme moderne n'est que le reflet dans l'intelligence, d'une part, de la lutte des classes qui règne dans la société entre les possédants et les dépossédés, entre les bourgeois et les salariés, et, d'autre part, de l'anarchie qui règne dans la production. Mais sous sa forme théorique, il apparaît d'abord comme une continuation, plus développée et plus conséquente, des principes formulés par les grands philosophes français du XVIIIe siècle. Comme toute nouvelle théorie, il devait se relier à l'ordre d'idées de ses prédécesseurs immédiats, bien qu'en réalité il prenne ses racines dans le terrain des faits économiques.

Les grands hommes qui, en France, éclairèrent les esprits pour la Révolution qui approchait, furent eux-mêmes de grands révolutionnaires. Ils ne reconnurent aucune autorité extérieure. Religion, sciences naturelles, société, gouvernement, tout fut soumis à la plus impitoyable critique, tout dut comparaître devant le tribunal de la raison, justifier son existence ou cesser d'exister. La raison devint la règle suprême de tout. Ce fut le temps où, selon l'expression de Hegel, « la tête dirigeait le monde » (1), d'abord dans ce

(1) L'expression du grand dialecticien est intraduisible; littéralement elle signifiait « le monde se dressait sur la tête » *auf den Kopf gestellt wurde*. C'est en parlant de la Révolution française que Hegel,

sens que la tête et les principes trouvés par la pensée prétendaient être seuls dignes de servir de base à toute action et association humaines, et plus tard dans ce sens plus étendu que toute vérité matérielle en contradiction avec ces principes devait être bouleversée de fond en comble. Toutes les formes de société et de gouvernement reconnues jusqu'alors, toutes les conceptions traditionnelles devaient être reléguées au grenier comme déraisonnables. Le monde jusqu'alors s'était laissé conduire par de misérables préjugés ; tout le passé ne méritait que pitié et mépris. Maintenant, pour la première fois, le jour se levait ; pour la première fois on entrait dans le royaume de la Raison; maintenant la superstition, l'injustice, le privilège, l'oppression allaient être chassés par l'éternelle vérité, par l'égalité basée sur la nature, par les droits inaliénables de l'homme.

Du contrat social au socialisme

Nous savons aujourd'hui que ce règne de la raison n'était, après tout, que le règne idéalisé de la bourgeoisie , que l'éternelle justice s'incarna dans la justice bourgeoise, que l'égalité aboutit à la bourgeoise égalité devant la loi; que l'on proclama,

---

dans sa *Philosophie de l'Histoire*, s'est servi de cette expression caractéristique. Voici ce curieux passage : « C'est sur l'idée du droit qu'on a maintenant établi une constitution, c'est sur cette idée que maintenant tout doit se baser. Depuis que le soleil brillait au firmament, et que les planètes décrivaient leurs orbites autour de lui, on n'avait jamais vu l'homme se *dresser sur sa tête;* c'est-à-dire se baser sur la pensée et construire la réalité à son image. Anaxagoras avait le premier dit que la pensée gouverne le monde, mais ce n'est que depuis la Révolution française que l'homme est arrivé à savoir que la pensée doit gouverner la réalité intellectuelle. C'était là un glorieux lever de soleil : tous les êtres pensants ont célébré cette aurore. Une émotion sublime a traversé toute cette époque, un enthousiasme de la raison a fait tressaillir le monde, comme si la réconciliation de la divinité et du monde était devenue possible. » (P. L.)

[C'est à cette expression fameuse de Hegel que fait allusion Marx quand il dit (Postface de la 2ᵉ éd. allemande du *Capital* (1873) : « Chez Hegel, la dialectique marche sur la tête; il suffit de la remettre sur les pieds pour lui trouver la physionomie tout à fait raisonnable. »]

comme le premier des droits de l'homme, la propriété bourgeoise, que l'Etat de la raison, le *contrat social* de Rousseau, vint au monde — et il n'en pouvait être autrement — sous l'espèce d'une république démocratique et bourgeoise. Les grands penseurs du XVIIIe siècle, pas plus que leurs devanciers, ne pouvaient franchir les limites imposées par leur époque.

Mais à côté de l'antagonisme de la féodalité et de la bourgeoisie, existait l'antagonisme universel des exploiteurs et des exploités, des riches paresseux et des pauvres laborieux. C'est même ce dernier antagonisme qui permit aux représentants de la bourgeoisie de se poser en représentants, non pas d'une classe distincte, mais de toute l'humanité souffrante.

Il y a plus. Dès sa naissance, la bourgeoisie fut bâtée de son propre antagonisme : le capitaliste ne peut exister sans le travailleur salarié; et à mesure que le bourgeois des corporations du moyen âge se transformait en bourgeois moderne, le compagnon et le journalier non incorporés (1) devenaient prolétaires. Si, en général, la bourgeoisie put, dans ses luttes avec la noblesse, prétendre qu'elle représentait les différentes classes travailleuses de l'époque, parallèlement à chaque grand mouvement bourgeois éclatait aussi un mouvement de la classe qui était la devancière plus ou moins développée du prolétariat moderne. Ainsi l'on vit se dresser, durant la Réforme allemande, Thomas Münzer; durant la grande Révolution anglaise, les niveleurs; durant la grande Révolution française, Babeuf. A ces levées de boucliers d'une classe incomplètement formée correspondaient des manifestations théoriques : aux XVIe et XVIIe siècles, les peintures utopiques de sociétés idéales; au XVIIIe siècle, des théories déjà franchement communistes (Morelly, Mably). L'égalité ne devait plus se limiter aux droits politiques, mais embrasser les conditions sociales de l'individu ; il fallait abolir non seulement

(1) C'est-à-dire étrangers aux corporations.

les privilèges de classes, mais les antagonismes de classes.

Un communisme ascétique, calqué sur Sparte, fut la première forme de la nouvelle doctrine. Puis apparurent les trois grands utopistes : Saint-Simon, qui à côté de l'ordre prolétarien reconnaissait jusqu'à un certain point les tendances bourgeoises, Charles Fourier et Robert Owen. Ce dernier, vivant dans le pays où la production capitaliste était le plus développée, et sous l'impression de la lutte de classe qu'elle engendrait, déroula systématiquement ses propositions pour l'abolition de cet antagonisme, en les rattachant directement au matérialisme français.

Tous les trois ont cela de commun qu'ils ne se donnent pas comme représentant les intérêts du Prolétariat, qui, dans l'intervalle, s'était développé historiquement. Ainsi que les philosophes français du XVIIIe siècle, ils se proposèrent d'affranchir non une classe déterminée, mais l'humanité tout entière; comme eux, ils voulurent établir le règne de la raison et de la justice éternelles; mais il y avait tout un monde entre leur raison et leur justice éternelles et celles des hommes du XVIIIe siècle. Le monde bourgeois, basé sur les principes des philosophes, leur semblait tout aussi déraisonnable et injuste que la féodalité et les autres formes sociales antérieures; comme elles, il devait être enfoui dans la fosse commune de l'histoire. Si la pure raison et la vraie justice n'avaient pas jusqu'ici gouverné le monde, c'était parce qu'elles n'avaient pas été découvertes. L'homme de génie qui devait découvrir cette vérité avait manqué, il surgissait maintenant. L'apparition de ce génie et la proclamation de sa vérité n'était pas un événement nécessaire, inévitable du développement historique, mais un pur hasard. Il aurait pu naître 500 ans plus tôt et épargner à l'humanité 500 ans d'erreurs, de luttes et de souffrances.

Le rationnel et le réel. La réaction utopiste

...Les philosophes français du XVIIIe siècle, les précurseurs de la Révolution avaient fait de la Raison la règle suprême de toute chose. L'Etat, la Société devaient être basés sur la Raison, tout ce qui était contraire à l'éternelle Raison devait être foulé aux pieds sans pitié; mais cette éternelle Raison n'était rien d'autre que l'intelligence bourgeoise idéalisée. La Révolution française donna une réalité à cette société raisonnable et à cet Etat raisonnable; mais si les nouvelles institutions étaient rationnelles comparées à celles du passé, elles étaient bien éloignées d'être absolument raisonnables. L'Etat raisonnable avait fait naufrage. Le Contrat social de Rousseau avait trouvé sa réalité dans le règne de la Terreur; pour s'y soustraire, la bourgeoisie, qui avait perdu confiance dans sa propre capacité politique, se réfugia d'abord dans la corruption du Directoire, puis sous le sabre du despotisme bonapartiste. La paix éternelle promise s'était tournée en une guerre de conquête sans fin. La société établie sur la Raison n'avait pas eu un meilleur sort. L'antagonisme des riches et des pauvres, au lieu de se résoudre dans le bien-être général, était devenu plus aigu, par suite de l'abolition des corporations et autres privilèges qui l'atténuaient et des établissements charitables de l'Eglise qui l'adoucissaient. Le développement de l'industrie sur une base capitaliste fit de la pauvreté et de la misère des masses ouvrières la condition vitale de la société. Le nombre des crimes augmenta d'année en année. Si les vices féodaux, qui autrefois se pavanaient en plein jour, furent repoussés dans l'ombre, les vices bourgeois, autrefois entretenus seulement dans le secret, fleurirent avec luxuriance. Le commerce devint de plus en plus une escroquerie légalisée. La « fraternité » de la devise révolutionnaire se personnifia dans les chicanes et les rivalités de la concurrence. La corruption générale supplanta l'oppression violente ;

l'or supplanta le sabre comme premier levier social. Le droit de cuissage passa du baron féodal au maître de fabrique. La prostitution prit des proportions jusqu'alors inconnues. Le mariage resta comme auparavant la forme légale, le manteau officiel de la prostitution, et se compléta par un adultère abondant. En un mot, comparées aux pompeuses promesses des philosophes, les institutions politiques et sociales qui suivirent le triomphe de la Raison parurent de décevantes et amères caricatures. Il ne manquait plus que des hommes pour constater ce désenchantement, et ces hommes se trouvèrent au tournant du siècle. En 1802, Saint-Simon publia ses *Lettres de Genève;* en 1808, Fourier sa première œuvre, bien que la base de sa théorie date de 1799; et le 1er janvier 1800, Robert Owen prit la direction de New-Lanark.

En ce temps, la production capitaliste et l'antagonisme de la bourgeoisie et du prolétariat étaient encore dans les langes. La grande industrie débutait en Angleterre et était inconnue en France. Seule, la grande industrie engendre les conflits qui réclament impérieusement une révolution dans le mode de production, — des conflits, non seulement entre les classes issues de la grande industrie, mais encore entre les forces productives et les formes de l'échange. De plus, cette grande industrie développe, au milieu de ses gigantesques forces productives, les moyens de résoudre ces conflits. Si, en 1800, les conflits provenant des nouvelles conditions sociales naissaient à peine, à plus forte raison les moyens de les résoudre. Les masses non-possédantes de Paris qui s'emparèrent un instant du pouvoir, lors de la Terreur, ne firent que démontrer les impossibilités de ce pouvoir dans les conditions existantes. Le prolétariat venait à peine de se détacher de la masse non-possédante pour former le noyau d'une nouvelle classe; il n'était encore qu'une masse souffrante et opprimée, incapable de toute initiative, de toute action politique indépendante, et ayant besoin d'un secours étranger et supérieur.

Cette situation historique domina aussi les fondateurs du socialisme. D'une production peu développée, d'une lutte de classes peu développée, naquirent des théories imparfaites. La solution des problèmes sociaux, encore cachée dans l'inachèvement des conditions économiques, dut être fabriquée de toutes pièces dans le cerveau. La société ne présentait qu'incongruités; l'établissement de l'harmonie devint le problème de la Raison. Il fallait donc édifier tout un système social nouveau et complet; il fallait l'imposer à la société par la propagande, et, quand on le pouv it, par l'exemple de colonies-modèles. Ces nouveaux systèmes sociaux étaient donc condamnés à n'être que des utopies; plus ils furent élaborés dans leurs détails, plus fantasques ils devaient devenir.

Ceci dit une fois pour toutes, ne nous arrêtons plus à ce côté fantaisiste qui appartient tout au passé. Que des épiciers littéraires épluchent solennellement ces fantasmagories qui, aujourd'hui, nous font sourire; qu'ils fassent valoir aux dépens de ces rêves utopiques la supériorité de leur froide raison; nous, nous mettons notre joie à rechercher les germes de pensées *géniales* que recouvre cette enveloppe fantastique et pour lesquels ces philistins (1) n'ont pas d'yeux.

L'utopisme en France : Saint-Simon, Fourier

Déjà, dans ses *Lettres de Genève*, Saint-Simon établissait que tous les hommes devaient travailler — et que le règne de la Terreur avait été le règne des masses non-possédantes... Envisager, en 1802, la Révolution française comme une lutte entre la noblesse, la bourgeoisie et les classes non-possédantes, était une découverte de génie. En 1816, il affirma que la Politique n'était que la science de la production et en prédit l'absorption par l'*Economie*. L'idée que les conditions économiques servent de base aux

(1) Esprits vulgaires, bourgeois bornés.

institutions politiques ne se montre, ici, qu'en germe; cependant cette proposition contient clairement la conversion du gouvernement politique des hommes en une administration des choses et en une direction du processus de production (1), c'est-à-dire l'abolition de l'Etat dont on a fait tant de bruit dernièrement (2). Avec une égale supériorité de vues sur ses contemporains, il déclara, en 1814, immédiatement après l'entrée des alliés dans Paris, et encore en 1815, pendant la guerre des Cent-Jours, que la seule garantie de la paix et du développement prospère de l'Europe était l'alliance de la France avec l'Angleterre et de ces deux pays avec l'Allemagne. Il est certain qu'il fallait un courage peu commun pour prêcher aux Français de 1815 l'alliance avec les vainqueurs de Waterloo.

Si dans Saint-Simon nous trouvons une largeur de vues vraiment géniale, nous permettant de voir en germe presque toutes les idées non strictement économiques des socialistes qui ont suivi, dans Charles Fourier, nous trouvons une critique des conditions sociales existantes qui, pour être faite avec une verve toute gauloise, n'en est pas moins profonde. Fourier prend au mot la bourgeoisie, avec ses prophètes inspirés d'avant, et ses flatteurs intéressés d'après la Révolution. Il dévoile sans pitié la misère matérielle et morale du monde bourgeois; il la confronte avec les brillantes promesses des philosophes : d'une société où devait régner la Raison, d'une civilisation qui devait donner le bien-être général, d'une perfectibilité indéfinie de l'homme; il la compare avec la phraséologie couleur de rose des idéologues contemporains; il prouve comment, partout, la réalité la plus misérable correspond à la phrase la plus *grandiloquente*, et déverse son sarcasme sur le fiasco irrémédiable de la phrase. Non

(1) *Processus* (on dit également *procès*) : ce mot latin, fréquemment employé par l'école hégélienne, veut dire marche en avant, développement, suite progressive de phénomènes formant un tout. Le *processus* de production signifie donc la série de phénomènes successifs constituant la production.

(2) Allusion à Bakounine et à ses partisans dans l'Internationale.

seulement Fourier est un critique, mais grâce à la sérénité de sa nature, il est un satirique, et sans contredit un des plus grands satiriques qui aient jamais existé. Il peignit aussi puissamment que spirituellement les escroqueries spéculatives qui fleurirent après le déclin de la Révolution et la rapacité boutiquière de tout le commerce français de son temps. Plus mordante encore est la critique qu'il fait des relations sexuelles de la bourgeoisie et de la position sociale des femmes. Il est le premier à déclarer que, dans une société donnée, le degré d'émancipation générale se mesure au degré d'émancipation de la femme. Mais là où Fourier est le plus grand, c'est dans sa conception de l'histoire de la société. Il la divise en quatre périodes de développement : *Sauvagerie, Barbarie, Patriarcat, Civilisation*, et par cette dernière il entend la civilisation bourgeoise; il démontre ensuite comment l'ordre civilisé élève tout vice, pratiqué par la barbarie, du mode simple à un mode composé, à double sens, équivoque et hypocrite; il fait voir que la civilisation se meut dans un « cercle vicieux », dans des contradictions qu'elle reproduit sans cesse, sans pouvoir les résoudre, de sorte qu'elle atteint toujours le contraire de ce qu'elle cherchait ou prétendait chercher; que par exemple, dans la Civilisation, « *la pauvreté naît de la surabondance même* ». Fourier, comme on le voit, maniait la dialectique avec autant de puissance que son contemporain Hegel. Tandis que la phraséologie de ses contemporains ne tarissait pas sur la perfectibilité illimitée de l'homme, il démontra que toute phase historique a sa période ascendante, puis descendante, et il appliqua cette manière de voir à l'avenir de l'espèce humaine. Si, depuis Kant, la science naturelle admet la mort future des corps célestes, depuis Fourier la science historique ne peut ignorer la mort future de l'humanité.

L'utopisme anglais : Robert Owen

Tandis que l'ouragan de la Révolution balayait la France, une révolution moins bruyante, mais tout aussi puissante, s'accomplissait en Angleterre. La vapeur et la machine-outil transformèrent la manufacture en grande industrie et révolutionnèrent tous les fondements de la société bourgeoise. Le paresseux mouvement de la manufacture se changea en une orageuse période de production à haute pression. Avec une rapidité sans cesse croissante, la société se divisa en grands capitalistes et en prolétaires exploités; la petite bourgeoisie, jusque-là la classe la plus stable de la société, se changea en une masse nomade d'artisans et de petits boutiquiers menant une existence tourmentée et formant la partie la plus fluctuante de la population. Cependant le nouveau mode de production n'était qu'au début de sa période ascendante, il était encore le mode de production normal, le seul possible vu les circonstances; et néanmoins il avait déjà produit les plus criantes incongruités sociales : agglomération d'une population vagabonde dans les épouvantables bouges des grandes villes; dissolution de tous les liens traditionnels de la subordination patriarcale et de la famille; surtravail, principalement des femmes et des enfants, poussé à son extrême limite; complète démoralisation des classes ouvrières jetées soudainement dans des conditions toutes nouvelles. C'est alors qu'apparut, comme réformateur, un fabricant de 29 ans; un homme qui alliait à une simplicité enfantine allant jusqu'au sublime, un pouvoir de diriger les hommes comme peu l'ont possédé. Robert Owen s'était approprié la doctrine des matérialistes du XVIIIe siècle : que le caractère de l'homme est le produit, d'un côté, de son organisation native, et, de l'autre, des circonstances qui l'environnent pendant sa vie et principalement pendant sa période de développement. Dans la révolution industrielle, la plupart des fabricants, ses contemporains ne virent que confusion et chaos, bons à leur permettre de pêcher en eau trouble une rapide fortune. Il y vit l'occasion d'apporter l'ordre dans le chaos en mettant en pratique son théorème favori. Il en avait déjà fait un heureux essai à Manchester, dans une fabrique de 500 ouvriers dont il était le directeur. De 1800 à 1829, il appliqua ces mêmes principes, en sa qualité de directeur associé, dans la grande filature de New-Lanark, en Ecosse, mais avec une plus grande liberté d'action et avec un succès qui lui valut une réputation européenne. Il transforma une population d'environ 2.500 ouvriers, composée d'éléments divers et pour la plupart démoralisés, en une colonie-modèle où l'ivrognerie, la police, la prison, les procès, l'assistance publique et le besoin de charité privée étaient inconnus.

Et tout cela simplement parce que les ouvriers étaient placés dans des conditions plus dignes de l'homme, parce que la génération grandissante était soigneusement surveillée. Owen fut le premier inventeur des crèches qu'il introduisit à New-Lanark. Dès l'âge de deux ans, les enfants étaient envoyés à l'école où ils s'amusaient tellement qu'on avait peine à les ramener à la maison. Tandis que ses concurrents travaillaient 13 et 14 heures, il avait réduit le travail dans sa fabrique à 10 heures 1/2. Durant une crise cotonnière qui arrêta le travail pendant 4 mois, les ouvriers continuèrent à recevoir leur paie entière. Néanmoins la fabrique doubla, et au delà, son capital d'établissement, et jusqu'au dernier moment donna aux propriétaires de riches profits.

Mais tout cela ne satisfit pas Owen. L'existence qu'il avait procurée à ses ouvriers était à ses yeux loin d'être digne de l'homme. « Ces hommes étaient mes esclaves ». Les circonstances relativement favorables dans lesquelles il les avait placés étaient encore bien éloignées de pouvoir permettre un développement complet et rationnel des caractères et des intelligences et encore moins le libre exercice des facultés. — « Un petit groupe de 2.500 hommes produisait plus de richesse réelle pour la société qu'une population de 600.000 hommes n'aurait pu le faire il y a un demi-siècle de cela. Je me demandais : qu'est devenue la différence entre la richesse consommée par ces 2.500 hommes et celle qu'auraient consommée 600.000? » La réponse était simple. Elle a été consacrée à payer aux propriétaires de l'établissement 5 % pour le capital engagé, outre un profit réalisé de sept millions et demi (300.000 livres sterling). Ce qui était vrai pour New-Lanark l'était à plus forte raison pour toutes les fabriques de l'Angleterre. « Sans cette nouvelle richesse créée avec l'aide de la machine, on n'aurait pas pu soutenir les guerres contre Napoléon, pour le maintien des principes aristocratiques de la société. Et pourtant cette nouvelle puissance était l'œuvre de la classe ouvrière (1) ». Elle devait donc lui appartenir. Les nouvelles forces productives qui jusqu'alors n'avaient servi qu'à enrichir la minorité et à asservir les masses devinrent, pour Owen, les bases de la réorganisation sociale; elles étaient destinées à appartenir à la communauté et à n'être employées que pour le bien-être commun.

De cette manière pratique, conséquence pour ainsi dire du calcul commercial, naquit le communisme de Robert Owen. Il conserva toujours ce caractère pratique. Ainsi, en 1823, Owen proposa de guérir les misères irlandaises au moyen de colonies communistes. Il soumit tout un état détaillé des frais d'établissement, des dépenses annuelles et des revenus probables. Son plan définitif de réforme est étudié si minutieusement et avec une telle connaissance pratique que, si on lui concède sa méthode de réforme, on ne trouve pas d'objection à lui faire même au point de vue technique.

L'adhésion au communisme fut le moment critique de la vie d'Owen. Tant qu'il se contenta du rôle de philanthrope, il récolta richesse, renommée, hon-

(1) Ces citations sont extraites du mémoire envoyé par R. Owen au gouvernement provisoire de 1848 et adressé aux républicains rouges (*red republicans*). (F. E.)

neurs, approbation. Il fut l'homme le plus populaire de l'Europe. Non seulement les bourgeois, mais les hommes d'Etat, les princes l'écoutaient et l'approuvaient. Mais quand il se fit l'apôtre du communisme, tout changea. D'après lui, trois grands obstacles empêchaient toute réforme sociale : la propriété individuelle, la religion, la forme actuelle du mariage. Il savait ce qui l'attendait s'il les attaquait : bannissement de la société officielle et perte de sa position sociale. Mais rien ne l'arrêta et tout ce qu'il avait prévu arriva. Il fut mis au ban de la société officielle, la presse établit la conspiration du silence autour de lui et, pour comble, ses expériences communistes d'Amérique, dans lesquelles il sacrifia toute sa fortune, le ruinèrent. Il s'adressa directement aux ouvriers et vécut, toujours actif, pendant trente ans au milieu d'eux. A tous les progrès réels, à tous les mouvements sociaux de l'Angleterre intéressant les classes ouvrières, se rattache le nom de Robert Owen. En 1819, après cinq ans d'efforts, il fit passer la première loi qui limitait le travail des femmes et des enfants dans les fabriques ; il présida le premier congrès où les trade-unions se réunirent dans une société générale de résistance (1); il introduisit comme mesures transitoires, en attendant une organisation communiste de la société, d'un côté les sociétés coopératives de production et de consommation qui eurent au moins ce mérite de prouver la complète inutilité des négociants et des manufacturiers, et de l'autre les *bazars du travail* pour l'échange des produits du travail, à l'aide d'un papier-monnaie ayant pour unité de valeur l'heure de travail. Ces institutions échouèrent fatalement, mais elles anticipaient la *Banque d'échange* que Proudhon établit en 1848. Seulement le papier-monnaie d'Owen ne se présen-

(1) Ce fut la *Grande Union consolidée des Métiers* (1833-1834), la *Trades Union*, union générale de tous les métiers (qu'il ne faut pas confondre avec les *trade unions*, qui sont des syndicats de métier). Sur la Grande Union, cf. ED. DOLLÉANS, *Robert Owen* (Paris, 1905), p. 198-202.

tait pas comme une panacée universelle de tous les maux sociaux, mais simplement comme le premier pas vers une révolution bien plus radicale de toute la société.

La dialectique hegelienne

Pendant ce temps grandissait, à la suite de la philosophie du XVIIIe siècle, la philosophie allemande moderne qui, dans Hegel, trouva son couronnement. Son grand mérite est d'avoir remis en honneur la *dialectique*, comme la forme la plus élevée de la pensée. Les anciens philosophes grecs étaient tous nés dialecticiens, et Aristote, la tête la plus encyclopédique d'entre eux, avait déjà analysé les formes essentielles de la pensée dialectique. — La philosophie du XVIIe et du XVIIIe siècles, bien qu'en elle la dialectique trouvât de brillants représentants (Descartes, Spinoza, etc.), était, grâce surtout à l'influence anglaise, de plus en plus entraînée vers la méthode dite métaphysique, qui régna presque exclusivement parmi les Français du XVIIIe siècle, du moins dans leur œuvre spécialement philosophique. Néanmoins, en dehors de la philosophie proprement dite, ils furent, eux aussi, capables de produire des chefs-d'œuvre de dialectique ; nous ne mentionnerons que *le Neveu de Rameau*, de Diderot, et le *Discours sur l'origine et les fondements de l'inégalité parmi les hommes*, de Rousseau. Nous allons donner brièvement les caractères essentiels des deux méthodes.

Quand nous soumettons à l'observation intellectuelle la nature, l'histoire humaine, ou notre propre activité mentale, ce qui d'abord s'offre à nous, c'est l'image d'un enchaînement interminable de faits reliés les uns aux autres, agissant les uns sur les autres, où rien ne reste ni où il était, ni ce qu'il était, ni comme il était; mais où tout se meut, se transforme, va, vient, devient et périt. Cette manière d'envisager le monde, primitive, naïve, mais, au fond, juste, est celle de l'ancienne philosophie grecque.

Héraclite, le premier, l'a formulée clairement : *Tout existe et n'existe pas*, car tout est fluent, tout est dans une éternelle transformation, un éternel devenir, un éternel périr. Mais cette manière de voir, bien qu'elle exprime assez justement le caractère général du tableau qu'offre à notre observation l'ensemble des phénomènes du monde réel, laisse échapper les détails, en ne descendant pas dans leur étude spéciale. Cependant, tant que nous ne serons pas en mesure de nous rendre compte de ces détails, nous n'aurons pas une idée nette du tableau général qui se déroule sous nos yeux. Pour connaître ces détails, nous serons obligés de les détacher de leur enchaînement naturel ou historique, de les analyser individuellement les uns après les autres, dans leurs qualités, dans leurs causes et effets particuliers. Ceci est le problème des sciences naturelles et historiques. Ces sciences spéciales, pour de très bonnes raisons, ne pouvaient occuper le premier rang chez les Grecs des temps classiques, puisque ceux-ci devaient auparavant en recueillir les matériaux.

Les commencements des sciences naturelles exactes ne furent élaborés que par les Grecs de la période alexandrine (1), et plus tard par les Arabes du moyen âge. Une vraie science naturelle ne date que de la deuxième moitié du xve siècle et a progressé depuis avec une rapidité croissante. La décomposition de la nature en ses parties intégrantes, la séparation des différents phénomènes et objets naturels en des catégories distinctes, l'étude intime des corps organiques dans la variété de leurs formes anatomiques, telles étaient les conditions essentielles des progrès gigantesques qui, dans les quatre derniers siècles, nous ont portés si avant dans la connaissance de la nature. Mais cette méthode de travail nous a légué l'habitude d'étudier les objets et phénomènes naturels dans leur

(1) Période de l'histoire grecque pendant laquelle Alexandrie (Egypte) devint non seulement la capitale du royaume des Ptolémées, fondé en 323 av. J.-C., mais la métropole intellectuelle et commerciale du monde oriental.

isolement, en dehors des relations réciproques qui les relient en un grand tout ; d'envisager les objets, non dans leur mouvement, mais dans leur repos, non comme essentiellement variables, mais comme essentiellement constants, non dans leur vie, mais dans leur mort. Et quand il arriva que, grâce à Bacon et à Locke (1), cette habitude de travail passa des sciences naturelles dans la philosophie, elle produisit l'étroitesse spécifique des siècles derniers — la méthode métaphysique.

La dialectique s'oppose à la métaphysique

Pour le métaphysicien, les choses et leurs reflets intellectuels, les *notions*, sont des objets d'analyse isolés, devant être considérés les uns après les autres, les uns sans les autres ; des objets invariables, fixes, immobiles, donnés une fois pour toutes. Il pense par antithèses dépouillées de tout moyen terme; il parle par oui et par non ; tout ce qui est au delà est sans valeur. Pour lui, une chose existe ou n'existe pas ; une chose ne peut être à la fois elle-même et autre qu'elle-même. Le négatif et le positif s'excluent absolument. La cause et l'effet sont en directe opposition l'une à l'autre.

Cette manière de voir nous apparaît, au premier coup d'œil, extrêmement plausible, car elle est celle du soi-disant *sens commun*. Ce sens commun, compagnon si respectable tant qu'il reste calfeutré dans son trou, creusé pour son usage, rencontre des aventures bien drôles dès qu'il se risque dans le large monde de la science. Et la méthode métaphysique, toute justifiée et nécessaire qu'elle soit dans nombre de domaines plus ou moins étendus selon l'objet de l'analyse, arrive tôt ou tard à une limite au delà de laquelle elle devient partiale, bornée, abstraite et se

(1) François Bacon (1561-1626), chancelier d'Angleterre et philosophe, a largement contribué, par son *Novum Organum*, à introduire la méthode expérimentale et inductive. John Locke (1632-1704) a combattu les idées innées et placé dans l'expérience des sens l'origine de toutes nos connaissances.

perd dans des contradictions insolubles. Dans la contemplation des faits isolés, elle oublie leurs relations réciproques ; dans celle de leur existence, leur devenir et leur périr ; dans celle de leur repos, leur mouvement : les arbres lui empêchent de voir la forêt.

Nous pouvons dire, avec assez d'exactitude pour les besoins de tous les jours, si un animal existe ou non. Mais une recherche plus approfondie nous fait voir que maintes fois ce problème est des plus embrouillés, comme le savent très bien les juristes qui se sont évertués à trouver une limite rationnelle au delà de laquelle la destruction de l'enfant dans le sein de sa mère serait un assassinat. De même, il est impossible de fixer le moment de la mort ; la recherche physiologique a démontré que la mort n'est pas un phénomène instantané, mais un processus d'une très longue durée. — De même tout être organique est dans le même instant lui-même et un autre ; dans le même instant, il assimile des matières étrangères et désassimile sa propre matière ; dans le même instant, des cellules de son corps meurent et d'autres se créent. Dans un temps plus ou moins long, la matière de son corps est renouvelée entièrement et remplacée par d'autres atomes de matière, de sorte que tout être organique est toujours lui-même et non lui-même. En regardant la chose de plus près, nous voyons que les deux pôles d'une antinomie, le positif et le négatif, sont aussi inséparables qu'opposés l'un à l'autre, s'entre-pénétrant mutuellement en dépit de toute leur opposition. De même la cause et l'effet sont des idées qui n'ont de valeur que dans leur application aux cas isolés ; mais aussitôt que le cas isolé est envisagé dans ses relations générales avec le reste de l'univers, ils se confondent et s'évanouissent dans l'enchaînement d'une réciprocité universelle, où cause et effet changent constamment de place, où ce qui était cause à un certain endroit et à un certain moment devient effet dans un autre endroit et dans un autre moment, et *vice versa*.

Tous ces processus naturels et méthodes intellectuelles, ne rentrent pas dans le cadre de la pensée métaphysique. La dialectique, au contraire, prend les objets et leurs représentations intellectuelles — les idées — dans leur mouvement, dans leur devenir et leur périr; les phénomènes mentionnés plus haut ne font que corroborer sa manière de procéder. La nature est la preuve de la dialectique, et nous devons dire, à l'honneur des sciences naturelles, qu'elles ont fourni cette preuve par une riche moisson de faits qui s'accroît tous les jours et qui démontre qu'en dernière instance c'est la dialectique et non la métaphysique qui règne dans la nature. Mais comme les naturalistes qui ont appris à penser dialectiquement sont rares, le conflit qui naît entre les découvertes scientifiques et la méthode intellectuelle courante, explique l'inextricable confusion des théories de la science naturelle ; conflit qui désespère aussi bien les maîtres que les écoliers, les écrivains que les lecteurs.

Une exacte représentation de l'univers, de son développement et de celui de l'humanité, ainsi que de la reproduction de ce développement dans la tête des hommes, ne peut être faite que par la dialectique, que par la constante observation des infinies actions et réactions, des « devenir » et des « périr », des progrès et des dégénérescences. C'est dans cette voie que, dès le début, entra hardiment la philosophie allemande moderne. Kant commença sa carrière en prouvant que l'immobile système solaire de Newton et son existence éternelle, le choc initial une fois donné, se résolvaient en un *processus* historique : dans la formation du soleil et des planètes aux dépens d'une masse nébuleuse en rotation. En même temps, le fait que le système solaire était né l'amenait à conclure que ce système mourrait nécessairement un jour. Cette vue, un demi-siècle plus tard, fut démontrée mathématiquement par Laplace et, un siècle plus tard, l'analyse spectroscopique prouva l'existence, dans l'espace, de semblables masses gazeuses incandescentes à différents degrés de condensation.

La nouvelle philosophie allemande se résuma dans le système hegelien, où, pour la première fois, et c'est là son grand mérite, le monde tout entier, naturel, historique et intellectuel, fut représenté comme processus — c'est-à-dire comme étant dans un changement, transformation et développement constants — et où l'on essaya de saisir la liaison intime qui fait un tout de ce mouvement et de ce développement. De ce point de vue, l'histoire humaine n'apparaissait plus comme une confusion chaotique de violences insensées, toutes également condamnables devant le tribunal de la raison philosophique, mais comme l'évolution de l'humanité; le problème de la pensée était d'en suivre la lente marche progressive à travers tous ses égarements et de rechercher la loi intime de ces phénomènes dus en apparence au hasard.

L'erreur idéaliste de Hegel

Que Hegel n'ait pas résolu ce problème, cela nous importe peu. Son mérite, qui fait époque, est de l'avoir posé. Ce problème est de ceux qu'aucun individu à lui seul ne pourra résoudre. Quoique Hegel fût, avec Saint-Simon, la tête la plus encyclopédique de son temps, il était cependant borné, d'abord par l'étendue nécessairement circonscrite de ses propres connaissances ; ensuite par l'étendue également restreinte des connaissances et des vues de son époque. De plus, Hegel était idéaliste ; ce qui veut dire que, au lieu de considérer ses idées comme les reflets intellectuels des objets et des mouvements du monde réel, il s'obstinait à ne regarder les objets du monde réel et les changements qu'ils subissent que comme autant de reflets de ses idées. Pour lui, l'idée d'une chose préexistait on ne sait où, ni comment, à la chose elle-même ; le monde, en fin de compte, avait été créé à l'image d'une Idée éternelle : il n'était que la réalisation de cette Idée absolue qui, par conséquent, était supposée avoir une existence à part et indépendante du monde réel. Cette manière de voir bouleversa de fond en comble les véritables relations entre le monde réel et les idées produites par le cerveau humain qui, après tout, n'est lui-même qu'un produit de ce monde réel. Si le génie de Hegel se montre partout dans son système, si à chaque page nous trouvons des vues grandioses et justes sur bien des questions posées par la science naturelle et par l'histoire de l'humanité, le système dans son ensemble ne pouvait que reproduire l'erreur qui lui servait de base. Il fut un colossal avortement, mais il est le dernier du genre. De plus, il renfermait dans son sein une contradiction incurable. D'un côté, Hegel prétend avec raison que l'histoire de l'humanité est un développement infini par le fait même de sa nature, — développement qui, par conséquent, ne peut trouver son terme final dans la découverte d'une vérité prétendue absolue. De l'autre côté, Hegel prétend que son système est le résumé de cette même vérité absolue. Un système de la nature et de l'histoire, embrassant tout et arrêté une fois pour toutes, est en contradiction avec les lois fondamentales de la pensée dialectique, ce qui n'exclut pas, mais affirme au contraire que la connaissance systématique de l'univers marche à pas de géant de génération en génération.

Retour au matérialisme dans la conception de la nature

L'erreur fondamentale de cet idéalisme allemand une fois mise à nu, il fallait forcément retourner au matérialisme ; mais, bien entendu, il ne s'agissait pas d'un simple retour au matérialisme métaphysique et exclusivement mécanique du XVIIIe siècle. Ce dernier, dans sa fougue révolutionnaire, avait ingénument envisagé toute l'histoire passée comme un amas de crimes, de bêtises et de folies. Le matérialisme moderne, au contraire, voit dans l'histoire le développement graduel et souvent interrompu de l'humanité, et sa tâche est de découvrir les lois de ce développement. Les Français du XVIIIe siècle, aussi bien que Hegel, regardaient la nature comme un tout invariable, se mouvant dans des cercles de révolution étroits; un composé de corps célestes éternels, ainsi que l'enseigne Newton; avec des espèces invariables d'êtres organiques, ainsi que l'enseigne Linné. Le matérialisme moderne résume en un tout les progrès récents des sciences naturelles, d'après lesquels la nature, elle aussi, a son histoire dans le temps; les corps célestes et les espèces organiques, qui peuvent y vivre dans des circonstances favorables, naissent et périssent; les cercles de révolution prennent des dimensions bien plus vastes. Dans les deux cas, le matérialisme est essentiellement dialectique, il n'a que faire d'une philosophie prétendant régenter toutes les autres sciences. Dès que chaque science spéciale est obligée de se rendre un compte exact de la place qu'elle occupe dans l'ensemble des faits naturels et historiques et de notre connaissance de ces faits, toute science particulière qui aurait pour domaine exclusif cet ensemble devient inutile. A la place de la philosophie qui embrassait toutes les sciences, il ne reste plus qu'une science : la science de la pensée et de ses lois : la logique et la dialectique. Toutes les autres se résolvent dans la science positive de la nature et de l'histoire.

Introduction du matérialisme dans la conception de l'Histoire

Tandis que la révolution dans la conception de la nature ne s'accomplissait que proportionnellement à la quantité de matériaux positifs fournis par la science, des faits historiques s'étaient produits qui avaient nécessité un changement décisif dans la conception de l'histoire. En 1831, le premier soulèvement ouvrier éclata à Lyon; de 1838 à 1842 le premier mouvement national ouvrier (le *chartisme* anglais) atteignit son point culminant. La guerre de classes entre prolétaires et bourgeois fit irruption sur l'avant-scène de l'histoire des peuples qui décident du sort de l'humanité. Elle s'intensifia proportionnellement au développement de la grande industrie et de la suprématie politique nouvellement conquise par la Bourgeoisie. Les doctrines de l'économie bourgeoise, l'identité des intérêts du capital et du travail, l'harmonie universelle, la prospérité générale engendrée par la libre concurrence, tout cela fut brutalement démenti par les faits. On ne pouvait ignorer ni ces faits, ni le socialisme français et anglais qui, malgré ses imperfections, en était l'expression théorique. Mais la vieille conception idéaliste de l'histoire qui survivait encore, ne connaissait ni guerres de classes basées sur des intérêts matériels, ni aucun intérêt matériel ; la production et toutes les relations économiques ne recevaient qu'un regard dédaigneux et furtif ; elles n'étaient que les éléments secondaires de l'histoire de la civilisation. Les faits nouveaux imposaient un nouvel examen de toute l'histoire passée ; alors on vit que l'histoire n'avait été que l'histoire de la lutte des classes ; que ces classes guerroyantes étaient partout et toujours les produits du mode de production et d'échange, en un mot des relations économiques de leur époque ; que par conséquent la structure économique d'une société donnée forme toujours la base réelle que nous devons étudier pour comprendre toute la superstructure des institutions politiques et juridiques, aussi bien que des manières de voir religieuses, philosophiques et autres qui lui sont propres. Ainsi l'idéalisme était chassé de son dernier refuge : la science historique ; la base d'une science historique matérialiste était posée. La route était ouverte qui allait nous conduire à l'explication de la manière de penser des hommes d'une époque donnée par leur manière de vivre, au lieu de vouloir expliquer, comme on l'avait fait jusqu'alors, leur manière de vivre par leur manière de penser.

Mais si le matérialisme du XVIIIe siècle était devenu incompatible avec la science naturelle moderne et dialectique, le socialisme, tel qu'il s'était développé jusque-là, devenait incompatible avec la nouvelle science historique matérialiste. Le socialisme critiquait, il est vrai, la production capitaliste et ses conséquences ; mais il ne l'expliquait pas, et ne pouvait pas par conséquent la renverser théoriquement; il ne pouvait que la rejeter comme mauvaise.

Les deux découvertes capitales de Marx

Mais le problème était, d'abord, de déterminer la place historique de la production capitaliste dans le développement de l'humanité, de prouver sa nécessité pour une période historique donnée et, par cela même, la nécessité aussi de sa chute future; puis, de mettre à nu le caractère intime, encore caché, de la production capitaliste, la critique s'étant occupée jusque-là plutôt à peindre les incongruités qu'elle avait produites qu'à rechercher les causes qui déterminaient ces incongruités.

Ceci fut fait par la découverte de la *plus-value*. Il fut prouvé que l'appropriation du travail non payé était la forme fondamentale de la production capitaliste et de l'exploitation des ouvriers qui en est inséparable ; que le capitaliste, alors même qu'il paie la *force-travail* de l'ouvrier à la valeur réelle que, comme marchandise, elle a sur le marché, extrait néanmoins d'elle plus de valeur qu'il n'en a donné pour l'acquérir; et que cette plus-value constitue, en fin de compte, la somme des valeurs d'où provient la masse du capital sans cesse croissante, accumulée dans les mains des classes possédantes. La manière de procéder de la production capitaliste, ainsi que la production du capital, étaient expliquées.

Ces deux grandes découvertes : la *conception matérialiste de l'histoire*, et la révélation du mystère de la production capitaliste au moyen de la *plus-value*, nous les devons à Karl Marx. Elles firent du socialisme une science, qu'il s'agit maintenant d'élaborer dans tous ses détails et toutes ses relations.

II. — SOCIALISME SCIENTIFIQUE

...La production d'abord, et ensuite l'échange des produits, forment la base de tout ordre social. Ces deux facteurs déterminent, dans toute société donnée, la distribution des richesses, par conséquent la formation et la hiérarchie des classes qui la composent. Si donc nous voulons trouver les causes déterminantes de telle ou telle métamorphose ou révolution sociale, il faudra les chercher, non dans la tête des hommes, non dans leur connaissance supérieure de la vérité et de la justice éternelles, mais dans les métamorphoses du mode de production et d'échange ; en un mot, il faudra les chercher, non dans la philosophie, mais dans l'économie de l'époque étudiée. Combien souvent voyons-nous dans l'histoire une conviction irrésistible s'emparer des intelligences que les institutions sociales existantes sont irrationnelles et injustes ; que ce qui a été autrefois l'œuvre de la raison, est devenu un non-sens; que ce qui a été un bienfait, est devenu un fardeau! Que signifie ce phénomène? — Que lentement, silencieusement les méthodes de la production et les formes de l'échange ont subi des métamorphoses, avec lesquelles ne cadre plus l'ordre social adapté à des conditions économiques surannées. Si ce point de vue est juste, il s'ensuit que les nouvelles conditions économiques doivent aussi contenir en elles-mêmes, à un degré plus ou moins développé, les moyens d'écarter les incongruités constatées. Il faut donc employer son esprit non à inventer ces moyens, mais à les découvrir dans les faits matériels de la production donnée.

Quelle est donc la position du socialisme moderne, en présence de l'ordre social actuel ?

Evolution des forces productives

L'ordre social actuel est la création de la classe actuellement dominante, la bourgeoisie. Le mode de production propre à la bourgeoisie, désigné depuis Marx du nom de *production capitaliste*, était incompatible avec l'ordre féodal, avec les privilèges de localités et d'états, avec les entraves des corporations et du servage. La bourgeoisie brisa l'ordre féodal, pour établir, sur ses ruines, l'ordre bourgeois, le règne de la libre concurrence, du libre choix du domicile, du contrat libre, de l'égalité devant la loi et autres aménités bourgeoises. Dès lors, la carrière était ouverte à la production capitaliste. Au temps de la grande Révolution française, la forme prédominante de cette production capitaliste, sur le continent européen du moins, était la manufacture basée sur la division du travail. Mais dès que la vapeur et la machine-outil eurent transformé cette manufacture en grande industrie, les forces productives élaborées sous la direction de la bourgeoisie se développèrent avec une rapidité et une ampleur inouïes. La manufacture, parvenue à un certain degré de développement, dut forcément entrer en conflit avec les entraves féodales des corporations : de même, la grande industrie devra, une fois complètement développée, entrer en conflit avec le mode capitaliste de production. Les nouvelles *forces*, productives ont déjà débordé les *formes* bourgeoises de leur exploitation. Ce conflit entre forces productives et formes de production n'est pas un conflit engendré dans la tête des hommes comme celui du péché originel et de la justice divine ; il est là, dans les faits, objectif, indépendant de la volonté et de la conduite des hommes mêmes qui l'ont amené. Le socialisme n'est que le reflet, dans la pensée, de ce conflit dans les faits ; ce reflet idéal, on le comprend aisément, se produit d'abord dans les têtes de la classe qui souffre directement du conflit, — la classe ouvrière.

Conflit entre les " forces productives " devenues sociales et les " formes de la production " restées individuelles (entre le régime de la production et le régime de la propriété)

En quoi consiste ce conflit ?

Au moyen âge, avant la production capitaliste, il n'existait que la petite production qui avait pour condition première que le producteur était le propriétaire de ses moyens de production : l'agriculture du petit paysan (libre ou serf), le métier des villes. Les moyens de travail — la terre et les instruments aratoires, l'échoppe et les outils — appartenaient à l'individu et n'étaient adaptés qu'à l'usage individuel; ils étaient par conséquent petits, mesquins, limités ; et c'est précisément pour cette raison qu'ils appartenaient généralement au producteur. Concentrer et élargir ces moyens de production étroits et éparpillés, les transformer en de puissants leviers de la production moderne, était précisément le rôle historique de la production capitaliste et de sa metteuse en scène, la bourgeoisie. Comment, à partir du xv° siècle, la bourgeoisie a accompli cette œuvre en parcourant les trois phases historiques de la *coopération simple*, de la *manufacture* et de la *grande industrie*, cela a été exposé en tous ses détails dans la quatrième section du *Capital* de Marx (1). On y trouve aussi comment la bourgeoisie, en arrachant ces moyens de production à leur isolement, en les concentrant, en soumettant à une direction commune une masse de forces productives individuelles, d'ouvriers et d'outils, en changea la nature même. D'individuels, ils devinrent sociaux. Si auparavant les forces d'un individu ou tout au plus d'une famille avaient suffi pour faire travailler les anciens moyens de production isolés, il fallait maintenant tout un bataillon d'ouvriers pour mettre en branle ces moyens de production concentrés. La vapeur et la ma-

(1) Dans les chap. XIII (*Coopération*), XIV (*Division du travail et manufacture*) et XV (*Machinisme et grande industrie*).

chine-outil achevèrent et complétèrent cette métamorphose. Le rouet, le métier à tisser, le marteau du forgeron firent place à la machine à filer, au métier mécanique, au marteau à vapeur; l'atelier individuel à la fabrique qui réclame la coopération de centaines et de milliers d'ouvriers. La production se transforma, d'une série d'actes individuels qu'elle était, en une série d'actes sociaux. La collectivité avait remplacé l'individu dans la production.

Mais cette révolution ne saisit que la production : elle ne fit que toucher les anciennes formes de l'échange. Elle s'accomplissait dans un milieu social basé sur la division du travail dans la société. La division du travail dans la société confère aux producteurs la propriété de leurs produits, et par là donne à ces produits la forme de marchandises, dont l'échange (achat et vente) constitue le lien social entre les producteurs. Cela était bel et bien pour le temps où il n'y avait que des producteurs individuels et indépendants : la forme de l'échange correspondait au mode de production. C'est dans cette société de producteurs individuels de marchandises que se glissa la nouvelle forme de production. Son caractère révolutionnaire fut si peu reconnu qu'on l'introduisit au contraire comme un moyen d'accroître et de développer la production de marchandises. Dès son début, elle se rattacha aux moyens déjà existants de la production et de l'échange des marchandises : capital marchand, métiers du moyen âge, travail salarié. En se présentant comme une nouvelle forme de la production de marchandises, elle se soumit aux formes d'appropriation de la production de marchandises. Les moyens de production et les produits, bien qu'ils fussent devenus sociaux, furent traités comme s'ils continuaient à être des moyens de production et des produits individuels. Ils furent appropriés, non par ceux qui avaient mis en mouvement les moyens de production et qui avaient créé les produits, mais par le capitaliste. Les moyens de production et la production sont devenus essentiellement sociaux. On les soumet néanmoins à un mode d'appropriation qui présuppose la production individuelle, où chacun possède ses moyens de production, où par conséquent, chacun possède aussi son produit et l'apporte sur le marché. Le nouveau mode de production est soumis à ce mode d'appropriation, quoiqu'il en détruise la base. Dans cet antagonisme, qui confère au nouveau mode de production son caractère capitaliste, gisent en germe tous les antagonismes sociaux modernes. A mesure que le nouveau mode de production envahissait toutes les industries et tous les pays économiquement importants, à mesure qu'il déplaçait la production individuelle au point de la réduire à un rôle insignifiant, il accentuait d'autant l'incompatibilité entre production sociale et appropriation capitaliste...

L'antagonisme entre les forces productives et la propriété capitaliste se traduit par un antagonisme de classes

Les premiers capitalistes trouvèrent, comme nous l'avons dit, la forme du travail salarié toute faite. Mais ce travail salarié n'était que l'occupation exceptionnelle, complémentaire, accessoire, transitoire du travailleur. Le laboureur qui, de temps en temps, se louait à la journée possédait son lopin de terre, lequel au pis aller pouvait suffire à ses besoins. Les corporations étaient organisées pour que le compagnon d'aujourd'hui devînt le maître du lendemain. Mais dès que les moyens de production devinrent sociaux et furent concentrés dans les mains des capitalistes, tout ceci changea. Le travail salarié, autrefois l'exception et le complément, fut la règle et la base de toute la production ; autrefois occupation accessoire, il accapara tout le temps de travail du producteur. Le salarié d'un jour devint salarié sa vie durant. La séparation s'était accomplie entre les moyens de production, concentrés dans les mains des capitalistes, et les producteurs, réduits à ne posséder que leur force-travail. *L'antagonisme entre production sociale et appropriation capitaliste s'affirme comme antagonisme entre prolétaires et bourgeois.*

Généralisation de l'échange. Anarchie dans la production sociale

Nous avons vu que la production capitaliste se glissa au milieu d'une société de producteurs de marchandises, de producteurs individuels dont le seul lien social était l'échange de leurs produits. Mais toute société basée sur la production de marchandises a pour caractéristique que les producteurs, au lieu de dominer leurs relations sociales mutuelles, sont dominés par elles. Chacun produit avec les moyens de production accidentels qu'il peut avoir sous la main, pour ses besoins individuels d'échange. Il y a anarchie dans la production sociale. Mais la production de marchandises, comme toute autre forme de production, possède ses lois propres inhérentes, et ces lois s'affirment en dépit de l'anarchie, dans l'anarchie, et par l'anarchie. Elles affectent la seule forme persistante du lien social, l'échange ; elles se dressent vis-à-vis des producteurs comme des lois coërcitives de la concurrence. Les producteurs qui, au début, les ignorent, ont besoin d'une longue expérience pour arriver à leur découverte successive. Elles s'imposent donc sans le concours des producteurs et même contre leur volonté ; comme celle des lois de la nature, leur action est aveugle et impitoyable. Le produit domine le producteur.

Exprimons ceci d'une autre manière, plus accessible peut-être.

Dans la société du moyen âge, la production desservait surtout les besoins personnels du producteur et de sa famille ; là où il y avait des relations d'assujetissement, comme à la campagne, elle desservait aussi les besoins du seigneur. Mais il n'y avait pas là d'échange; les produits ne revêtaient donc pas la forme de marchandises. La famille du paysan produisait presque tout ce dont elle avait besoin, les vêtements aussi bien que la nourriture. Elle ne produisit des marchandises que lorsqu'elle arriva à produire un excédent sur sa propre consommation. Cet excédent offert à l'échange devint marchandise. Les artisans, il est vrai, dûrent dès l'abord produire dans leur métier afin d'échanger, mais eux aussi pourvurent en grande partie directement à leur propre consommation ; ils étaient tous possesseurs de petits terrains (champs et jardins) ; ils envoyaient leur bétail paître dans la forêt communale, d'où ils tiraient leur bois de chauffage et de construction ; les femmes filaient, etc. Nous voyons donc que la production en vue de l'échange, la production de marchandises, était encore dans son enfance. Par conséquent l'échange était limité, le marché étroit, le mode de production stable ; chaque groupe s'organisait dans son sein pour la production en excluant les produits des autres groupes : la *Mark* (1) existait dans la campagne et les corporations dans les villes.

Peu à peu la production se développa. L'excédent de la consommation immédiate soit du producteur et de sa famille, soit du seigneur féodal prenait des dimensions plus importantes ; l'industrie des villes produisait mieux et plus, il y avait donc matière à marchandises ; lancé dans l'échange, cet excédent de production se transforma en effet, en marchandises. Le commerce se développa et commença à relier les divers pays les uns avec les autres. Les progrès du commerce réagirent sur l'industrie et en accélérèrent le développement ; la glace de l'ancienne stabilité était définitivement rompue. Les progrès de la division du travail brisèrent l'ancienne organisation, dans laquelle chaque famille produisait directement pour sa propre consommation. A la campagne comme

(1) *Mark* est le nom de l'ancienne commune germanique basée sur la communauté de la terre : beaucoup de traces de cette communauté se sont conservées jusqu'à nos jours, non seulement dans les pays germaniques, mais encore dans les pays occidentaux conquis par les Germains. (F. E.)

à la ville, dans l'agriculture comme dans l'industrie, il fallut de plus en plus produire pour l'échange; les redevances en nature (corvée, blé, bétail) se changèrent en impôts ou en rentes foncières qui durent être payés en argent. Presque tous les produits prirent la forme de marchandises, et les producteurs, une fois l'ancienne organisation de la *Mark* et des corporations brisée, se transformèrent de plus en plus en producteurs de marchandises, isolés et indépendants. C'est alors qu'éclata et s'intensifia l'anarchie de la production sociale.

Autre antagonisme : Organisation de la production à l'intérieur de la fabrique, anarchie de la production dans la Société tout entière.

Mais le principal instrument qu'employa le régime capitaliste pour intensifier cette anarchie dans la production sociale, était précisément le contraire de l'anarchie ; c'était la croissante organisation de la production, devenue sociale, dans l'atelier demeuré propriété individuelle. C'est cette organisation qui mit fin à l'ancienne et paisible stabilité. Dans toute industrie où elle fut introduite, elle ne souffrit plus à ses côtés aucune des anciennes méthodes d'exploitation ; partout où elle s'empara du métier du moyen âge, elle le détruisit et le transforma. Le champ de travail devint un champ de bataille. Les grandes découvertes géographiques et la colonisation qui en fut la conséquence multiplièrent les débouchés et transformèrent le métier féodal en manufacture capitaliste. Non seulement la lutte éclata entre les producteurs d'une même localité, mais les luttes locales grandirent en luttes nationales : les guerres commerciales des XVIIe et XVIIIe siècles. En dernier lieu, la grande industrie et l'établissement du marché international ou mondial ont universalisé ces luttes et leur ont imprimé une violence inouïe. La possession de conditions favorables de production, naturelles ou artificielles, décide de l'existence de capitalistes isolés, aussi bien que d'industries et de nations entières. Les vaincus sont refoulés sans pitié. C'est la *concurrence vitale* darwinienne transplantée de la nature dans la société avec une violence exaspérée. La sauvagerie animale se présente comme le dernier terme du développement humain. L'antagonisme entre production sociale et appropriation capitaliste a pris la forme d'un antagonisme entre l'organisation de la production dans chaque fabrique particulière, et l'anarchie de la production dans la société tout entière.

Les conséquences : 1° Prolétarisation des masses, chômage (armée industrielle de réserve), misère

C'est dans ces deux formes antagonistes qui lui sont immanentes, dès son origine, que se meut la production capitaliste, et qu'elle décrit ce « cercle vicieux » découvert par Fourier. Mais, de son temps, Fourier ne pouvait voir que ce cercle se contracte insensiblement; que son mouvement décrit plutôt une spirale qu'un cercle, et tend à sa fin, comme la spirale que décrivent les planètes, par la collision avec son centre de révolution. D'abord, c'est la force accélératrice de l'anarchie sociale de la production qui, de plus en plus, transforme le plus grand nombre des hommes en prolétaires; et c'est cette masse prolétarienne qui, finalement, mettra un terme à l'anarchie de la production. D'un autre côté, c'est la force accélératrice de l'anarchie sociale dans la production qui transforme la perfectibilité indéfinie du machinisme en une loi impérieuse, pour tout capitaliste industriel, de perfectionner de plus en plus ses machines, sous peine de ruine. Mais perfectionnement du machinisme veut dire élimination de travail humain. Si introduction et multiplication des machines signifiaient remplacement de millions d'ouvriers manuels par quelques milliers d'ouvriers servants de machines, perfectionnement du machinisme signifie élimination constante de ces servants de machines et, en dernier lieu, création d'un nombre d'ouvriers en disponibilité, excédant les besoins moyens du capital, création de toute une armée industrielle de réserve, disponible dans le temps où l'industrie travaille à haute pression, rejetée sur le pavé quand la crise fatale arrive; c'est en tout temps un boulet aux pieds de la classe ouvrière dans sa lutte pour l'existence contre le capital, un régulateur pour maintenir le salaire au bas niveau qui seul satisfait le capitaliste. Il arrive, pour parler la langue de Marx, que la machine devient l'arme la plus puissante du capitalisme dans sa lutte contre la classe ouvrière ; que le moyen de travail arrache à l'ouvrier ses moyens d'existence ; que le propre produit du travailleur devient l'instrument de son asservissement. Il arrive que « l'économie des frais de production se caractérise par la dilapidation la plus effrénée de la force de travail et la lésinerie la plus éhontée sur les conditions de son perfectionnement »; que la machine, ce plus puissant moyen d'abréger le travail, devient le plus sûr moyen de transformer la vie entière du travailleur et celle de sa famille en temps de travail disponible pour la mise en valeur du capital; il arrive que le sur-travail des uns engendre le chômage des autres, et que la grande industrie, qui parcourt le globe en quête de nouveaux consommateurs, accule chez elle les masses à un minimum de famine et détruit de ses propres mains son marché intérieur. « La loi qui toujours équilibre le progrès de l'accumulation du capital et celui de la surpopulation relative (1) rive le travailleur au capital plus solidement

(1) Dans le *Capital* (livre I, ch. xxv), Marx montre que l'accumulation capitaliste — « le progrès de la richesse sur la base capitaliste » — produit nécessairement ce qu'il appelle une *surpopulation relative*. Les prolétaires jetés dans la surpopulation relative par l'accroissement accéléré du capital social forment une *armée industrielle de réserve* « qui appartient, dit Marx, au capital d'une manière aussi absolue que s'il l'avait élevée et disciplinée à ses propres frais » et qui lui fournit « la matière humaine toujours exploitable et toujours disponible ».

que les coins de Vulcain ne rivaient Prométhée à son rocher. C'est cette loi qui établit une corrélation fatale entre l'accumulation du capital et l'accumulation de la misère, de telle sorte qu'accumulation de richesse à un pôle, c'est égale accumulation de pauvreté, de souffrance, d'ignorance, d'abrutissement, de dégradation morale, d'esclavage au pôle opposé, du côté de la classe qui produit le capital même » (1). Et demander à la production capitaliste une autre répartition des produits, ce serait demander aux électrodes d'une batterie de ne plus décomposer l'eau, envoyant l'oxygène au pôle positif et l'hydrogène au pôle négatif, tant que le circuit reste fermé.

Les conséquences : 2° Surproduction, crises, concentration capitaliste

Nous avons vu comment la perfectibilité du machinisme moderne, poussée au plus haut degré, se transforme, sous le coup de l'anarchie sociale de la production, en une loi implacable qui oblige, sans relâche, le capitaliste industriel à perfectionner ses machines et à en accroître la force productive. La simple possibilité de développer l'échelle de sa production se transforme pour lui maintenant en une autre loi tout aussi obligatoire. L'énorme force d'expansion de la grande industrie, en comparaison de laquelle celle des gaz n'est qu'un jeu d'enfant, prend maintenant la forme d'une nécessité qualitative et quantitative d'expansion, qui défie toute compression. La compression ici, c'est la consommation, le débouché, le marché des produits de la grande industrie. Mais la capacité d'expansion du marché, extensive et intensive, est régie par des lois différentes et d'un effet bien moins énergique. L'expansion du marché ne peut aller de pair avec l'expansion de la production. La collision est inévitable, et comme elle est sans

(1) Karl Marx : *Le Capital*, livre I, chap. 25.

solution à moins de briser la forme capitaliste de la production, cette collision devient périodique. C'est là un nouveau cercle vicieux dans lequel se meut la production capitaliste.

Depuis 1825, où éclata la première crise générale, le monde industriel et commercial, la production et l'échange des peuples civilisés, ainsi que de leurs annexes plus ou moins barbares, se détraquent à peu près tous les dix ans. Le commerce s'arrête, les marchés s'encombrent, les produits sont là, aussi abondants qu'invendables; la monnaie se cache, le crédit s'évanouit, les fabriques se ferment, les masses ouvrières manquent de moyens d'existence, la banqueroute succède à la banqueroute et la vente forcée à la vente forcée. Pendant des années l'encombrement dure, les produits se gaspillent et se détruisent par grandes masses, jusqu'à ce que les stocks de marchandises s'écoulent peu à peu, grâce à une dépréciation plus ou moins considérable, jusqu'à ce que la production et l'échange reprennent graduellement leur marche. Peu à peu, l'allure s'accélère, se met au trot, le trot industriel passe au galop, jusqu'au « ventre à terre » d'un *steeple-chase* général de l'industrie, du commerce, du crédit et de la spéculation qui, après les sauts les plus périlleux, vient finir de nouveau dans le fossé de la crise. Et c'est toujours à recommencer. Nous avons traversé six crises depuis 1825, et en ce moment nous traversons la septième. Et le caractère de ces crises est si clairement marqué que Fourier les a toutes décrites en appelant la première : *crise pléthorique*. Dans la crise, l'antagonisme entre production sociale et appropriation capitaliste éclate violemment. La circulation est arrêtée; le moyen de circulation, la monnaie, devient une entrave à la circulation. Toutes les lois de la production et de la circulation sont bouleversées. La collision économique est parvenue à son apogée. *Le mode de production se rebelle contre le mode d'échange, les forces productives contre le mode de production dans les cadres duquel leur développement accru ne leur permet plus de tenir.*

Le fait que l'organisation sociale de la production dans l'intérieur de l'usine s'est développée au point de devenir incompatible avec l'anarchie de la production dans la société qui existe en dehors d'elle et qui la domine, — ce fait s'impose à l'intelligence du capitaliste lui-même par la concentration violente des capitaux qui s'accomplit dans chaque crise, par la ruine de beaucoup de grands capitalistes et d'un nombre bien plus considérable de petits. Le mécanisme tout entier de la production capitaliste fléchit sous la pression des forces productives que lui-même a créées. Il a créé une telle masse de forces productives qu'il n'est plus possible de les transformer en capital, c'est-à-dire en moyens d'exploiter les forces-travail de la classe ouvrière.

A cause de cela les forces productives chôment; et parce qu'elles chôment, l'armée industrielle de réserve, elle aussi, est forcée de chômer. Situation inouïe! Moyens de production, moyens de subsistance, travailleurs disponibles, tous les éléments de la production et de la richesse abondent, mais, comme dit Fourier, l'abondance devient la source de la pénurie et de la misère, parce que c'est elle qui empêche les moyens de production et de subsistance de se transformer en capital. Pour fonctionner dans le milieu capitaliste, les moyens de production doivent préalablement prendre la qualité de capital, de moyens d'exploitation des forces-travail. C'est une fatalité qui se dresse maintenant comme un spectre entre les ouvriers et les moyens de production et d'existence. C'est elle seule qui empêche le contact et par conséquent la coopération des leviers personnels et des leviers matériels de la production ; qui défend aux moyens de production de fonctionner, et aux ouvriers de travailler et de vivre. Brisez la forme de production capitaliste, permettez aux moyens de production de fonctionner sans prendre la forme de capital, et l'absurdité qui existe dans les faits s'évanouit, la crise disparaît et vous rendez à la société la possibilité de vivre.

Tendance vers l'élimination du capitaliste individuel

Il est donc constaté, d'abord, que le mode de production capitaliste est devenu incapable de diriger dorénavant les forces productives qu'il a créées; puis, que ces forces productives elles-mêmes poussent de plus en plus impérieusement vers la solution de l'antagonisme, vers l'abolition de leur qualité de capital et vers la reconnaissance pratique de leur caractère réel, celui de forces productives sociales. C'est cette réaction sans cesse croissante des forces productives contre leur qualité de capital; c'est cette reconnaissance impérieusement exigée de leur caractère social, qui, de plus en plus, contraignent la classe capitaliste, autant que la nature du capital le permet, à les traiter en forces productives sociales. La période de production à haute pression, par son crédit gonflé à l'extrême, autant que la crise, par l'écroulement de grands établissements capitalistes, imposent à de grandes quantités de moyens de production la socialisation qui se manifeste sous forme de sociétés par actions. Beaucoup de ces moyens de production et de communication sont, dès le début, si gigantesques que, comme les chemins de fer, ils excluent toute autre forme d'exploitation capitaliste. Mais à un autre degré de développement, cette forme, elle aussi, devient insuffisante : le représentant officiel de la société capitaliste, l'Etat, doit prendre la direction de ces forces productives. Cette nécessité de transformation en propriété de l'Etat se fait d'abord sentir pour les grands organismes de communication : les postes, les télégraphes, les chemins de fer, etc.

Si les crises prouvent l'incapacité de la bourgeoisie de diriger dorénavant les forces productives modernes, la transformation des grands organismes de production et de communication en sociétés par actions et en propriétés d'Etat montre que la bourgeoisie est devenue superflue. Toutes les fonctions sociales des capitalistes sont remplies maintenant par des employés salariés. Le rôle social des capitalistes se borne à empocher des revenus, à détacher des coupons et à jouer à la Bourse, où ils se dépouillent mutuellement de leurs capitaux. La production capitaliste qui commença par lancer l'ouvrier dans la surpopulation relative, finit par y précipiter à son tour le capitaliste, en attendant qu'elle lui assigne sa place dans l'armée industrielle de réserve.

Mais que les forces productives soient entre les mains de sociétés par actions ou de l'Etat, elles conservent néanmoins leur qualité de capital. Le fait est patent pour les sociétés par actions. Et l'Etat moderne n'est que l'organisation que se donne la société bourgeoise pour mettre toutes les conditions de la production capitaliste à l'abri des attaques, tant des capitalistes individuels que des ouvriers. L'Etat moderne, quelle que soit sa forme, est essentiellement une machine capitaliste, l'Etat des capitalistes, pour ainsi dire le capitaliste collectif idéal. Plus il accapare de forces productives, plus il se change en capitaliste collectif réel, plus il exploite de citoyens. Ses ouvriers restent toujours des salariés, des prolétaires. La relation capitaliste entre salariant et salarié n'est pas détruite, mais poussée à bout, et, poussée à bout, elle fait la culbute. L'appropriation par l'Etat des forces productives ne résout pas le conflit, mais elle contient les éléments de cette solution.

La solution de tous les antagonismes est dans l'appropriation des forces productives par la Société (socialisation des moyens de production et d'échange).

Cette solution ne peut être autre que la reconnaissance pratique du caractère social des forces productives modernes, c'est-à-dire la mise à l'unisson des modes de production, d'appropriation et d'échange, avec le caractère social des moyens de production. Et ce but ne sera atteint que lorsque la société, ouvertement et franchement, prendra possession des forces productives devenues trop puissantes pour supporter tout autre contrôle que le sien.

Le caractère social des moyens de production et des produits qui aujourd'hui retourne sa pointe contre les producteurs eux-mêmes, qui bouleverse périodiquement la production et l'échange, sera alors pleinement et ouvertement reconnu. Les forces sociales agissent comme les forces de la nature, aveuglément, violemment, destructivement tant que nous ne les comprenons pas, tant que nous ne comptons pas avec elles. Une fois que nous avons compris leur action, leurs directions, leurs effets, nous pouvons les soumettre de plus en plus à notre volonté, nous en servir pour atteindre nos buts. Ainsi en est-il des forces productives modernes.

Tant que nous nous obstinons à ne pas les reconnaître — comme c'est le cas dans la production capitaliste — ces forces agissent malgré nous, contre nous, s'imposent à nous, ainsi que nous l'avons vu plus haut. Une fois comprises et reconnues, elles cesseront d'être destructives pour devenir, entre les mains des producteurs associés, s'en servant en pleine conscience, un des plus puissants leviers de la production. Ainsi l'électricité destructive de la foudre diffère de l'électricité des télégraphes au service de l'homme; et ainsi l'incendie, du feu asservi par l'homme. « Reconnaissance pratique du caractère social des forces productives modernes », cela veut dire : remplacement de l'anarchie, dans la production sociale, par une organisation réglée selon les besoins de la société et de chacun de ses membres; cela veut dire : remplacement de l'appropriation capitaliste, engendrant le régime dans lequel le produit asservit d'abord le producteur, puis l'appropriateur, par une appropriation basée sur le caractère même des forces productives modernes : appropriation directe des produits, d'un côté, par la société, comme moyens d'entretenir et de développer la production, et de l'autre, par les individus, comme moyens d'existence et de jouissance.

Mission du prolétariat : Abolition des classes et des Etats de classe

A mesure que la production capitaliste transforme de plus en plus la grande masse de la population en prolétaires, elle crée l'armée qui doit ou périr misérablement ou accomplir cette révolution. A mesure qu'elle oblige à convertir les grands moyens de production socialisés en propriété de l'Etat, elle indique la voie pour l'accomplissement de cette révolution. *Le Prolétariat, après s'être emparé de la puissance publique, transforme les moyens de production en propriété de l'Etat.* Mais par cela même il détruit son caractère de Prolétariat, il détruit toute distinction et tout antagonisme de classe, et par conséquent, il détruit l'Etat comme l'Etat. Les sociétés qui se sont mues jusqu'ici dans l'antagonisme des classes avaient besoin de l'Etat, c'est-à-dire d'une organisation de la classe exploitante, pour assurer leurs conditions d'exploitation et surtout pour maintenir, par la force, la classe exploitée dans les conditions de soumission (esclavage, servage, salariat) que réclamait le mode de production existant. Si l'Etat était la représentation officielle de toute la société, son incarnation dans un corps visible, il n'était cela que tant qu'il était l'Etat de la classe même, qui, en son temps, représentait la société tout entière; mais du moment qu'il devient réellement le représentant de la société tout entière, il devient inutile. Dès qu'il n'existe plus de classe à maintenir dans l'oppression, dès que la domination de classe, la lutte pour l'existence basée sur l'anarchie de la production, les collisions et les excès qui en découlent sont balayés, il n'y a plus rien à réprimer, un Etat devient inutile. Le premier acte par lequel l'Etat se constituera réellement le représentant de toute la société, — la prise de possession des moyens de production au nom de la société, — sera en même temps son dernier acte comme Etat. Le gouvernement des personnes fera place à l'administration des choses et à la direction de la production. La société libre ne peut tolérer l'existence d'un Etat entre elle et ses membres.

L'appropriation, par la société, de tous les moyens de production a été, dès l'apparition historique de la production capitaliste, un idéal plus ou moins nuageux, flottant devant les yeux d'individus ou de sectes entières; mais elle n'est devenue possible, elle n'a pu se présenter comme une nécessité historique que lorsque les conditions matérielles de sa mise en pratique ont existé. L'abolition des classes, comme tout autre progrès social, devient praticable, non par la simple conviction, dans les masses, que l'existence de ces classes est contraire à l'égalité, à la justice ou à la fraternité, non par la simple volonté de les détruire, mais par l'avènement de nouvelles conditions économiques. La division de la société en classes, exploitante et exploitée, dominante et opprimée, a été la conséquence fatale de la productivité peu développée de la société. Là où le travail social ne fournit qu'une somme de produits excédant à peine ce qui est strictement nécessaire pour maintenir l'existence de tous, là où le travail, par conséquent, absorbe tout ou presque tout le temps de la grande majorité des individus dont se compose la société, cette société se divise nécessairement en classes. A côté de cette grande majorité vouée exclusivement au travail, il se forme une minorité exempte du travail directement productif et chargée des affaires communes de la société : direction générale du travail, gouvernement, justice, sciences, arts, etc. C'est donc la loi de la division du travail, qui gît au fond de cette division de la société en classes; ce qui n'empêche nullement cette division de s'opérer au moyen de la force et de la rapine, de la ruse et de la fraude; ce qui n'empêche pas non plus la classe dominante, une fois établie, d'avoir jamais manqué de consolider son pouvoir au détriment de la classe travailleuse, de changer la direction de la société en exploitation des masses.

Mais si l'institution des classes a un certain droit historique, elle ne l'a que pour un temps donné, pour un ensemble de conditions sociales données. Elle se basait sur l'insuffisance de la production; elle sera balayée par son développement plénier. En effet, nous ne pouvons songer à l'abolition finale des classes que lorsque nous aurons atteint un niveau social où, non seulement l'existence de telle classe dominante, mais celle de toute classe dominante, et la distinction de classe elle-même, seront devenues un anachronisme. C'est-à-dire qu'elle présuppose un degré de développement de la production tel que l'appropriation des moyens de production et des produits par une classe, par conséquent, la domination politique, le monopole de l'éducation, la direction intellectuelle d'une classe sociale distincte, non seulement seront devenus superflus, mais feront obstacle au développement économique, politique et intellectuel. Ce point est aujourd'hui atteint. La banqueroute politique et intellectuelle de la bourgeoisie n'est presque plus un secret pour elle-même; sa banqueroute économique se répète régulièrement tous les dix ans. Dans chaque crise décennale, la société étouffe sous la pression des forces productives gigantesques et des produits qu'elle a créés elle-même et qu'elle ne sait plus dominer; impuissante, elle se trouve face à face avce cette absurdité : les producteurs n'ayant rien à consommer parce qu'il y a manque de consommateurs.

La force expansive des moyens de production fait éclater les fers que la production capitaliste leur avait mis. Leur délivrance est la seule condition qui manquait encore pour assurer un développement continu, toujours accéléré, des forces productives, c'est-à-dire un accroissement illimité de la production elle-même. Mais ce n'est pas tout. L'appropriation sociale des moyens de production écarte non seulement les entraves artificielles qui enchaînent actuellement la production, mais elle met fin au gaspillage et à la destruction des forces productives et des produits, corollaires inévitables de la production actuelle et qui atteignent leur apogée en temps de crise. De plus, elle met la société en possession d'une masse de moyens de production et de produits, en rendant impossibles les extravagances insensées des classes régnantes et de leurs représentants politiques. La possibilité, au moyen de la production sociale, d'assurer à tous les membres de la société non seulement une existence matérielle pleinement suffisante, et qui s'embellira de plus en plus, mais de leur garantir en même temps le libre développement et l'exercice de toutes leurs facultés physiques et intellectuelles, cette possibilité existe maintenant pour la première fois, mais *elle existe* (1).

De l'ère de la fatalité à l'ère de la liberté

Dès que la société aura pris possession des moyens de production, elle ne produira plus de marchandises; c'est-à-dire qu'elle mettra fin à la forme d'appropriation des produits en vertu de laquelle, comme nous l'avons vu, le produit domine le producteur. L'anarchie dans la production sociale fera place à une organisation consciente et systématique. La lutte pour l'existence individuelle disparaîtra. Ce n'est que dès ce moment qu'on pourra dire, dans un certain sens, que l'homme est définitivement sorti du règne animal; il aura, enfin, échangé des conditions d'existence animales pour des conditions réellement humaines. L'ensemble des conditions d'exis-

(1) Quelques chiffres donneront une idée approximative de l'énorme force d'expansion des moyens de production modernes, même sous la pression capitaliste. D'après les derniers calculs de Giffen, chef du bureau statistique anglais, la progression de la richesse totale de la Grande-Bretagne et de l'Irlande est, en chiffres ronds :

1814 —	55.000	millions de francs.
1865 —	152.500	— —
1875 —	212.500	— —

Quant à la destruction de moyens de production et de produits, pendant les crises, la perte totale de l'industrie du fer dans la crise de 1873-78 s'élevait, pour l'Allemagne seule, à 668 millions de francs (chiffre fourni au deuxième congrès industriel allemand tenu à Berlin le 21 février 1878). (F. E.)

tence qui jusqu'ici ont dominé les hommes seront alors soumises à leur contrôle. En devenant maîtres de leur propre organisation sociale, ils deviendront par cela même, pour la première fois, maîtres réels et conscients de la nature. Les lois qui régissent leur propre action sociale se sont jusqu'ici imposées aux hommes comme des lois impitoyables de la nature, exerçant sur eux une domination étrangère ; désormais, les hommes appliqueront ces lois en pleine connaissance de cause et, par ce fait, ils les maîtriseront. La forme dans laquelle les hommes s'organisent en société — forme jusqu'ici pour ainsi dire octroyée par la nature et l'histoire — sera alors l'œuvre de leur libre initiative. Les forces objectives qui, jusqu'ici, ont dirigé l'histoire, dès ce moment passeront sous le contrôle des hommes. Ce n'est qu'à partir de ce moment que les hommes feront eux-mêmes leur histoire, en êtres pleinement conscients de ce qu'ils vont faire, sachant que les causes sociales qu'ils mettront en mouvement produiront, dans une mesure toujours croissante, les effets voulus. L'humanité sortira enfin du règne de la fatalité pour entrer dans celui de la liberté.

Résumé et Conclusion

Résumons, en peu de mots, la marche de notre développement :

I. — *Société du moyen âge :* Petite production morcelée. Moyens de production adaptés à l'usage individuel et par cela primitifs, mesquins, d'effet très limité, mais par cela aussi possédés généralement par le producteur lui-même. Production pour la consommation immédiate, soit du producteur, soit de son seigneur féodal. Là seulement où il y a excédent de produits sur la consommation, cet excédent est offert à la vente, entre dans l'échange ; production de marchandises à l'état naissant, mais contenant déjà, dans son sein, le germe de *l'anarchie sociale dans la production.*

II. — *Révolution capitaliste :* Transformation de l'industrie, d'abord par la coopération simple et par la manufacture. Concentration des moyens de production, jusque-là épars, dans de grands ateliers, c'est-à-dire transformation de ces moyens *individuels* de production en moyens *sociaux* — transformation qui ne touche guère l'échange ; par conséquent maintien des anciennes formes d'appropriation. La *capitaliste* apparaît : propriétaire des moyens de production, c'est lui qui s'approprie les produits et en fait des marchandises. La production est devenue un acte *social ;* l'échange et, avec lui, l'appropriation restent actes *individuels :* le produit social est approprié par le capitaliste individuel. Antagonisme fondamental, source de tous les antagonismes dans lesquels se meut notre société :

a) Séparation du producteur d'avec les moyens de production. Condamnation du travailleur au salariat à vie. (Antagonisme du *prolétariat* et de la *bourgeoisie.*)

b) Développement, surtout au moyen de la grande industrie (depuis la fin du XVIIIe siècle), de l'action des lois réglant la production de marchandises. Lutte effrénée par la concurrence. (Antagonisme de l'*organisation* sociale de la production dans chaque fabrique, et de l'*anarchie* sociale dans l'ensemble de la production.)

c) D'un côté, perfectionnement du machinisme, rendu obligatoire pour tout industriel par la concurrence, et équivalant à l'élimination toujours croissante d'ouvriers : armée industrielle de réserve. De l'autre côté, extension illimitée de la production, également obligatoire pour tout industriel. Des deux côtés, développement inouï des forces productives, excès de l'offre sur la demande, surproduction, encombrement des marchés, crises décennales, cercle vicieux : surabondance, ici, de moyens de production et de produits ; surabondance, là, d'ouvriers sans travail et sans moyens d'existence : mais ces deux leviers de la production et du bien-être social ne peuvent se réunir, parce que le mode capitaliste de production défend aux forces productives de travailler, aux produits de circuler, à moins de s'être changés d'abord en *capital*, — ce que la surabondance même empêche. L'antagonisme est poussé jusqu'à l'absurde. *Le mode de production se rebelle contre le mode de l'échange.* La bourgeoisie se démontre incapable de diriger dorénavant les forces productives sociales.

d) Reconnaissance partielle du caractère social des forces productives imposée aux capitalistes eux-mêmes ; appropriation des grands organismes de production et de communication par des sociétés par actions, puis par l'Etat. La bourgeoisie se démontre inutile, toutes ses fonctions actives étant remplies par des salariés.

III. — *Révolution prolétarienne*, solution des antagonismes.

Le prolétariat saisit le pouvoir politique et transforme, au moyen de ce pouvoir, en propriété sociale les moyens de production sociaux, qui échappent aux mains de la bourgeoisie. Par cet acte, il les dépouille de leur caractère de capital ; il donne pleine liberté à leur caractère social de s'affirmer, il rend possible l'organisation de la production sociale suivant un plan prédéterminé. Le développement de la production fait de l'existence des classes sociales un anachronisme. L'autorité politique de l'Etat disparaît avec l'anarchie sociale de la production. Les hommes, maîtres enfin de leur propre mode d'association, deviennent maîtres de la nature, maîtres d'eux-mêmes, — libres.

Accomplir cet acte qui affranchira le monde, voilà la mission historique du Prolétariat moderne. Approfondir les conditions historiques et avec elles le caractère spécifique et les conséquences inévitables de cet acte, donner à la classe appelée à l'action, classe aujourd'hui opprimée, la pleine conscience des conditions et de la nature de sa propre action imminente, voilà la mission du socialisme scientifique, expression théorique du mouvement prolétarien.

TABLE DES MATIÈRES

Imp. Coop. LA TYPO-LITHO, Malakoff (Seine).

www.ingramcontent.com/pod-product-compliance
Ingram Content Group UK Ltd.
Pitfield, Milton Keynes, MK11 3LW, UK
UKHW020305220726
13923UKWH00003B/1011